丹青
著

魅力演讲必修课

中国文史出版社
CHINA CULTURAL AND HISTORICAL PRESS

图书在版编目（CIP）数据

魅力演讲必修课 / 丹青著. -- 北京：中国文史出

版社, 2022.10

ISBN 978-7-5205-3689-9

Ⅰ.①魅… Ⅱ.①丹… Ⅲ.①演讲—语言艺术 Ⅳ.

①H019

中国版本图书馆CIP数据核字(2022)第168497号

责任编辑：卜伟欣

出版发行：**中国文史出版社**

社　　　址：北京市海淀区西八里庄路69号院　　　邮编：100142

电　　　话：010—81136606　81136602　81136603（发行部）

传　　　真：010—81136655

印　　　装：廊坊市海涛印刷有限公司

经　　　销：全国新华书店

开　　　本：16开

印　　　张：11.5

字　　　数：142千

版　　　次：2024年3月北京第1版

印　　　次：2024年3月第1次印刷

定　　　价：56.00元

序言

二　魅力源处是丹青

》

在很多人的眼里：丹青老师就是魅力女神。

因为她用语言，点燃了无数听众的演说潜能，指导了一批又一批领导者走上了魅力的舞台！

你或许见过讲台上的丹青老师：

身上散发着明媚的光彩、语言里传播着灵性的动能、声音里流畅着悟道的欢快、举止里展示着华夏的智美。台下的听众，听到的不仅仅是演说的奥秘，更是人生绽放的无限可能！

你或许听过丹青老师的故事：

当初她是如何勇敢智慧地站到讲台上的；十多年来，她是如何帮助无数个行业精英突破演说的；身为导师的她如何指导帮助那些领导者征服一个个超级大场合的。

也许，你已经很知晓丹青老师了。但是，即便如此，你也要留些时间，好好读读丹青老师的这本书。

"闲坐小窗读周易，不觉春去几多时。"古人用这句话形容读书入迷，都忘记了时间的流逝。丹青老师的这本书，给人的感受就是如此！

丹青老师分享了12种魅力演说思维，每一个篇章，阅读起来让人酣畅淋漓，细思起来又能让人醍醐灌顶。

为什么呢？

因为，书里每一章的内容，都是丹青老师心得与智慧的凝结！这也是实战派导师最大的特点：一字一句皆有来处，每一篇章都是无数案例的凝练所得！

"丹青"，在中国文化语境里，代表史书史籍，也代表绘画艺术。中国的史书史籍，是世界上唯一的数千年来绵延不绝的。中国的绘画艺术，早在千年前就登上了睥睨世界的艺术巅峰。中国文化的魅力，大多都源自于史书史籍的记载，许多都源自于绘画艺术。

而在很多人心里，丹青老师就是魅力女神！

凝练成一句话：魅力源处是丹青！

赵鹤之

2022 年 9 月

一 自序

你需要从现在开始重视并学习演讲

》

如果你想学习演讲，但还有一些摇摆、犹豫、担心，我有四个理由来说服你，立马开始学习演讲。

如果你现在很笃定、很坚定，觉得自己必须学习演讲，那么依然建议你先看完这篇文章。因为你永远想不到，作为一个创业者、老板、创始人、领导者，不管你是在人生中的哪一个阶段、哪个岗位，演讲对你来说都是如此重要。

当下这个时代，正处于百年未遇之大变局，这四个理由都是基于不可逆的时代特性及以行业趋势提出的。

事业发展的机会成本会越来越高

首先，我想和大家分享一组"青年创业城市活力报告"数据：

2011年—2020年，中国共新增4400万家创业公司。也就是说，近10年来，中国平均每7秒钟诞生一家创业公司。2014年，中国创业公司新注册量同比增长率达到45.7%，成为10年间创业公司同比增长率最高的一年。

2020年应届大学生毕业人数874万；

2021年应届大学生毕业人数909万；

2022年应届大学生毕业人数1076万，突破千万大关！

而10年前：

2010年全国普通高校毕业生人数575.4万；

2011年全国普通高校毕业生人数608.2万；

2012年全国普通高校毕业生人数624.7万。

每年有越来越多的创业者和年轻人冲入社会。如果 10 年前是靠实力说话，是酒香不怕巷子深，那现在呢？靠的是"复合能力"，除了专业技能，还需要有更多的核心竞争力傍身。

演说能力也是如此。10 年前，敢于站到听众面前、敢于站到台上讲上几句的人，便会成为听众心目中的"英雄"，大家会觉得他太厉害了！现在呢？动辄几十人、几百人，甚至不少学员要面向数千人讲话。与此同时，演讲的形式也发生了多种变化。2020 年，受新冠疫情的影响，线上会议、短视频、直播等讲话方式，均成为领导者、企业老板们的必备技能之一。演讲所面对的场合也越来越多，获奖感言、年会致辞、全球峰会、行业论坛、动员大会……

10 年前，场合少，人也少，要求也不高，凭着一股冲劲，演讲者就能获得机会。10 年后，场合多，人更多，要求也高了，除了专业能力外，还需要演讲者会管理、培训、凝聚、激励、感召……

现实情况是，你的对手早早就学习演说

从我 2010 年开始做演讲以来，经常听到的一句话就是：说话还需要学习吗？我每天都在说，还需要人教我吗？

在我做演讲的头几年，甚至我的很多朋友家人也对此表示不理解。当时我一个最好的朋友对我说："你学口才可以理解，但以此为业，以此为生，能做好吗？能有未来吗？"

就连我爸爸也一直劝我。他觉得我在北京发展并不是最佳选择，还不如回老家的银行上班，清闲自在，未来大好。

但是我坚信，我的生命可以因为演讲而改变，我坚信有更多像我一样的人需要被唤醒。演讲表达是每一个人的必备品，如同呼吸一样重要。

在过去的十几年，我们已经累计帮助了近 10 万人提高演讲能力。

很多人也开始意识到自己的演讲能力需要提升，越来越多的人正在接受或已经接受演讲教育的熏陶。最好的学习时间有一个，就是现在。

细算一下，5 年前、10 年前的学员，已经在各自的行业中有了不小的成就。有的企业家被推举为商会会长，面对 6000 多人发言；有的人技术转型，从专业人才转变成为创业公司 CTO，筹办主持千人大会；有的人之前晋升管理层遭遇瓶颈，学习演讲后带领 200 人团队冲锋陷阵……这样的案例在我们的学员中不胜枚举。

很多人在课上说，如果早 10 年遇到凯来，绝不会仅仅是现在的成就。但是我想告诉大家，一切都是最好的安排。

善用当下者，成就未来。你知道吗？我们现在人生事业上的很多成果，或多或少都与语言有关。职场中最可怕的一类人，就是那些比我们优秀却仍一直在学习的人。如果你身边的朋友，演讲和表达能力都比你优秀，都还在学习演讲，而你此时还在等待，那么，就如赵鹤之老师曾经在课程中分享的一句话"等！等！等！等！等！最终就成了砧板上的肉"那样，最后终被时代无情淘汰。

个人 IP 时代到来，演讲将相伴终身

这是一个不可逆转的趋势。

我们看过去 50 年：

20 世纪 70 年代，很多人考虑的问题是今天能不能吃上饭。有一碗饭，能够吃饱，就已经是生命的最高追求了。

20 世纪 80 年代，当时的工资普遍只有几十块钱，几百块的话已经算是很高的收入了。

20 世纪 90 年代，人们生活水平逐渐提高，开始向小康社会迈步。

进入互联网大众创业时代，彼此间的差距逐渐拉大。过去 30 年是企业品牌的时代，脑白金、恒源祥、小霸王、步步高……

而现在呢？品牌 = 企业家 + 个人 IP 演讲；

提到董明珠，会想到"中国制造"；

提到任正非，会想到"华为的冬天"；

提到曹德旺，会想到"企业家的四个精神"；

提到雷军则会想到"一碗滚烫的小米粥开启了沸腾的 10 年"；

……

这是走向个人品牌的时代，这是最好的时代！

想要展现个人 IP 有三种方式：写作、演讲、视频。

视频需要高度精练、超强逻辑的内容输出，而演讲则可以帮助我们快速提升个人品牌影响力。企业想要做大，一定要有人站出来传递和分享企业的品牌、理念、产品、故事。

演说的作用，不言而喻。雷军曾说，站在风口上，猪都能飞起来。风口也代表机会、机遇，人生的转折往往就藏在这些机遇挑战之中。

20 世纪 80 年代，个体户；

20 世纪 90 年代，下海经商；

20 世纪末，互联网时代；

21 世纪 10 年代，万众创业；

21 世纪 20 年代，5G 短视频直播；

未来，智能时代！

回想一下过去所经历的时代，我们有多少次抓住了风口？又该如何抓住风口？社会一次次迭代，而演讲也显得愈发重要。风口与我们有什么关系？风口即财富。风口也意味着我们要学会适应、改变。

现在是 5G 短视频直播的时代，需要创始人通过视频直播来展示，以便更多的人快速地了解你。

今天，比以往任何一个时代都迫切需要口才表达和演讲沟通能力。我这两年开始拍摄抖音、短视频，全网也有近百万粉丝。然后我就慢慢意识到，演说就是一个媒介，就是你向世界表达的方式；就是你与世界交流的方式，我们不能阻断自己与外在的联系。你的职位越高，身份越高，你就越要学好演讲，因为你的一句话会影响无数人！

投资大脑，是最稳赚不赔的投资

巴菲特说："学会公众演说，是一项可以持续使用五六十年的资产。"

众所周知，巴菲特是长期主义的投资者，他所看重的东西一定是值得重视的东西。这就表明，演讲的学习是你一生中非常重要的投资。

我想说，演讲是一个人一生的资产。即使不以它为职业，我们每一天都离不开说话、沟通、交流和社交，因为每天都在讲，每天都在做，它就如同我们的呼吸一样，与我们相伴终身。所以，为什么不把这个技能修炼得更加精进呢？

我曾经是一个自卑、内向、不善言辞的人。是演讲，让我看到了更广阔的世界，让我活出了更好的自己。从我开始学习演讲的那一刻起，我就真正地意识到，演讲会与每一个人相伴终身。

康师傅和统一方便面的销量急剧下滑，但它们的对手却不是同行，而是外卖行业。尼康退出中国，打败它的不是佳能，而是智能手机。所以，打败你的不是对手，颠覆你的不是同行，甩掉你的不是时代，而是你固有的思想和停滞的学习。

人的大脑里有三个区域：

舒适区——熟练的技能；

学习区——能学会的技能；

恐慌区——学不会的技能。

为什么人无法成长？无法突破？原因就在于不敢突破自己内心的恐惧。只有那些敢于突破自己恐惧的人，才能实现真正的人生蜕变。

最好的投资就是投资自己的大脑，而你所投资的一切，大脑都会通过语言表达和展现出来。我一直坚信，所有的限制都是思维的限制，所有的突破都是思维的突破。

看到这里，你还在犹豫是否学习演讲吗？

接下来，我们进入正题，我将为你分享在过去的 12 年里，我在 10 万 + 学员中实践过的演讲口才公式思维，手把手带你积累自己的演讲资产。

凯来口才 丹青

2021 年 5 月 5 日

Contents 目录

第 **1** 堂

根源思维

如何找到演说紧张的根源？

》》

你的想法决定你未来的方向。光想不够，还需要去做，一个人的成功＝想的能力＋做的能力＋说的能力。好的演说能力是你成功不可或缺的要素之一。

曾有美国人做过一项调查：你最害怕的是什么？答案排名第一的竟然是演讲时的紧张，而不是死亡。有人可能对此表示怀疑，但是事实上，岂止普通人，就连一些名人，都认为演讲是一件非常可怕的事情。

著名的政治家、演说家丘吉尔曾说，人生中有三件困难的事情，一件是爬上一堵向你倾倒的墙，一件是吻一个执意要离开你的姑娘，一件是当众演讲。丘吉尔曾经非常害怕演讲，他第一次登台演讲的时候，紧张得脸色发白、手脚颤抖，最后被人轰下了讲台。为此，他曾不止一次地抱怨说，每次演讲都觉得胃里放着一块冰。

除了丘吉尔，还有很多名人都曾有过演讲时紧张的经历。比如，美国总统林肯曾在演讲台上紧张得一句话也说不出来；雄辩家查理斯首次演讲时紧张得膝盖抖个不停；印度圣雄甘地第一次走上演讲台时根本不敢看听众；科学家牛顿在登台演讲前就开始浑身抖动，歇斯底里……

所以说，并不是所有的演讲家天生就具有卓越的演讲口才，大部分人都是经过后天的训练才获得了好口才。

过去12年，在每一次演讲课上，总会有人对我说："我演讲时常常因为紧张而不知道该说什么，我觉得自己口才不好的原因就是紧张。"没错，很多人应该都有过相同的经历。也许你本来准备了很长时间的演讲内容，但是由于太过紧张，在上台之前就把演讲内容忘了个百分之七八十，以至上台后语不成句，只好以一句"谢谢"遗憾退场。

说到这里，我们不禁要问，演说紧张的根源到底是什么？做任何事情，找到根源比解决问题的方案更重要，因为源头才是一切的核心。为此，我找到了紧张的 8 大根源，大家不妨来对照一下，看看你紧张的根源到底是什么？

一、紧张是人的一种本能反应

我们可以想象这样一幅场景：一个人误入一片森林，突然在他的面前出现了一只凶猛的老虎，他被吓得心跳加速，手心冒汗。这时候，他只有两个选择：逃，或者等死。此情此景，是不是很像那个在演讲台上"孤立无援"的你？

从古至今，"紧张"的基因就根植于每个人的身体里，成为人们应激生理反应的一部分。当人处于紧张状态的时候，肾上腺素分泌量就会骤增，使人出现心跳加速、呼吸急促、面红口干的现象，此时头部的供血也会向四肢流去。于是，人的大脑出现一片空白，双腿也不听使唤地发软。我们在演讲的时候，因为暴露在观众的注视之下，大脑也会把它识别为一种危险的场景，致使我们出现了上述一系列紧张的生理反应。所以，紧张是动物和人与生俱来的一种本能，这种本能受心脏的指挥而不受大脑控制。一旦感觉到威胁，身体就会本能地作出反应，起到应急的作用。

对于这种生理性紧张，我们可以通过一些练习来克服。

第一，深呼吸。深呼吸是可以有效缓解紧张情绪的，因为我们在深呼吸的时候会吸入大量的空气，腹部会向外扩张，会引起副交感神经的兴奋。于是，当紧张的身体遇到兴奋的交感神经，两者便得以相互抵消，从而降低了紧张的程度。

第二，脚抓地。脚抓地是用 10 个脚趾头向下抓一抓地，大概稳住 10 秒钟。为什么要用脚来抓地呢，因为这样做一来可以使我们的心态慢慢地稳下来，二来可以让我们的体态在听众面前显得更有精气神儿。我们在大家面前的体态是非常重要的，因为从体态能够看出我们讲话时候的心态。很多人紧张的时候，会手脚发抖，甚至全身发颤，整个肢体语言都不协调，所以脚抓地能够使我们的整个体态看起来比较稳重。

第三，稳两秒。为什么要稳两秒呢，因为大部分的时候，我们在紧张的情况下都是很着急的，急于把自己的讲话讲完，希望早点结束，所以稳两秒能够让我们的心态平稳一下，同时可以用眼神与听众进行一次简单的交流，找到训练时的感觉，从而可以顺利地完成演讲。

任何一种能力都是训练出来的，演讲如此，缓解紧张的情绪也如此。

二、完美主义害怕出错

为什么有的人演讲非常紧张，有的人却不那么紧张呢？这是因为，那些追求完美的人总是害怕出错，反而影响了发挥，以至于愈发紧张。

很多人在最初接触演讲的时候，每次上台之前，总会胡思乱想，产生各种担心：要是等会儿我上去讲不好怎么办？观众不喜欢我的演讲怎么办？当他的脑子里有这些消极的想法时，就代表他在暗示自己：你不行，你讲不好……想法越多，担心越多，就越紧张，对自己的能力就会加倍怀疑，从而否定自己，使紧张的感受被无限放大。心理学上把这种过度焦虑的心理称为"瓦伦达效应"。

瓦伦达是大瓦伦达杂技团的创立人，该杂技团以在高钢丝上叠三人高的罗汉而闻名。瓦伦达曾参加数场高空走钢索表演，最后却在波多黎各圣胡安的一次表演时，不幸从 37 米高的钢丝上失足坠亡。事后，他的妻子说道："我预感这次一定会出事，因为他在上场前一直说，这次太重要了，只能成功不能失败。而以前每次表演，他都没有这些顾虑，只一心想走好钢丝。"

所以，如果我们在准备做一件事情之前，总是想着成功的快乐和失败的痛苦，总是为了达到一种目的而患得患失，事情就很难圆满完成。正如我们越担心演讲的结果，我们的表现就会越糟糕。追求完美固然是人之常情，但是如果太过于追求完美，就会给自己套上一道心理枷锁，从而产生沉重的心理负担。

世界上没有完美的人，如果人已经站在讲台上，心里却担心自己准备得不够完美，势必在演讲过程中有所顾忌，不能完全放开，从而失去力量。这时候，我们不如问自己：难道怕就能解决问题吗？怕就不会出错吗？

我们应该抛弃完美主义，站在讲台上就不要胡思乱想，即使错了也要镇定自若地继续讲下去，这才是演讲者应该具备的心态。

当学员在凯来上第一节课的时候，我会让大家在本子上写下两个字：试错。试想一下，你从来都没有上台演讲过，怎么可能不紧张呢？我们小时候刚开始学习写字，即使是简单的一字，也要练习无数遍才能学会，何况是在众目睽睽之下上台演讲呢？所以，试错也是我们锻炼口才的过程之一。

三、对自己极度不自信，太在意听众的看法

人们把因害怕当众说话而产生的恐惧心理称为"怯场"，而"评价忧虑"是造成怯场心理的最主要因素。现代心理学认为，在任何存在评价的场合中，人们一般很难发挥自己原有的水平。在演讲中，由于评价是单向的，也就是说，是听众在"评判"演讲者，所以演讲者的忧虑更多，心理负担更重。很多人在演讲时，不是想着我要把什么

问题讲清楚，而是想着会给听众留下什么样的印象，听众会如何评价自己之类的问题。在这种情况下，演讲者自然无法正常发挥自己的水平，就更不用说精彩的演讲了。

十几年前，当我第一次讲课的时候，特别紧张，紧张到讲完两天的课程，一口饭也没有吃，两个晚上都没有睡觉，但是并不感觉饿，也不觉得困，总之神经一直紧绷着，处于高度聚焦的状态。而我之所以那么紧张，是因为当时我从来没有上台演讲过，对自己极度不自信。我的心里一直在打鼓：万一我演讲砸了怎么办？万一听众不喜欢我的演讲怎么办？万一观众不喜欢我的长相怎么办？万一观众不喜欢我的穿着怎么办……

我的这些担心，其实就是一种讨好的心理——为了免受嘲笑或招致不满，一味地想要讨好观众，想在观众心目中树立一个优秀的形象。归根结底，就是源于不自信。因为我对自己不满意，所以总是能够想象出观众不喜欢我的千百种理由——从演讲技巧到自我形象。

美国演讲家查尔斯·R·格鲁内尔提出了"自我形象受威胁论"。该理论指出：每个人都具有理性的、社会的、性别的、职业的自我形象。人们在进行演讲的时候，其自我形象就会暴露在公众面前。由于担心自我形象在此过程中受损，所以往往产生窘迫不安的怯场心理。因此，听众作为演讲的直接受众人群，是演讲者上台紧张的根本原因。

这种紧张，就是一种在乎，因为重视，所以想要做得更好。回想一下，当你面对自己很在乎的人，是不是会紧张？当你想把某件事情做好，是不是会紧张？当你要会见重要的客户，是不是会紧张？这一切都是因为你在乎。

不知道大家想过没有，当我们把焦点放在自己身上时，就会发现自身存在的问题越来越多。这就如同衣服上的一个小黑点，如果没有人提醒我们，我们一般不会注意到它的存在。但是当别人告诉我们以后，我们就会不自觉地用眼睛扫视定点，这时候，这个不起眼的小黑点在我们眼中就会被无限放大，甚至远远就能看到它。这就好比我们在演讲中总是纠结于自己的弱点，夸大自己的弱点，从而对演讲丧失信心。

其实，每个人都有自己的弱点，在千百双眼睛的注视下，我们需要的是扬长避短，而不是掩盖缺点。如果我们把关注点从自己身上转移到演讲上，并且接受自己的不完美，我们就能从容淡定地展现自己。

卓别林之所以成为世界闻名的喜剧大师，正是与他的自信密不可分。在他小的时候，有一次和母亲去游戏场看演出。在演出的过程中，台上的一位演员突然卡壳，只唱了两句就唱不出来了，台下顿时乱了套。观众们一哄而起，嚷着要退票。剧场老板急得直跺脚，因为一时之间也找不到救场的演员。这时候，年仅5岁的卓别林站了出来。

"老板，可以让我试试吗？"

"小朋友，你确定自己能行吗？"

"我能行！"

老板看着小卓别林自信的眼神，心中一动，便同意让他试一下。只见小卓别林昂首挺胸地走上舞台，在台上又唱又跳，把观众逗得捧腹大笑，表演还没有结束，大家就急着向台上扔硬币。卓别林深受鼓舞，表演得更起劲儿了，一口气唱了好几首歌，夺得满堂喝彩。

后来的故事自不必说，卓别林正是凭借着他的自信与热情，开创了他的摩登时代。

著名的演说家戴尔·卡耐基曾说："我一生几乎都在致力于协助人们消除恐惧、培养勇气和信心。"所以，我们要相信自己，相信自己可以站在舞台上，相信自己能够把最精彩的演讲分享给大家。相信是一种力量，是一种信心的传递！

四、对听众感觉太陌生

演讲时紧张的第四个原因是对听众感觉太陌生。

不难发现，我们平时和朋友聊天总是能够毫不拘谨，谈笑风生，而一旦和陌生人说话就会结结巴巴，手足无措，如果是和领导讲话，紧张的程度则会加深。这是因为，我们在"熟人"面前不会感到有压力，所以心态放松，侃侃而谈；在不熟悉的人面前，陌生感会使我们不由自主地紧张不安，因为我们天生就会对未知的事物产生恐惧，这时候就需要我们想办法消除这种陌生感。

那么，如何消除这种陌生感呢？

一方面，我们应该做好听众人群特征的分析工作。比如，确定受众人群的身份，分析听众来这里听讲的目的和痛点，分析听众想要得到的利益是什么。

另一方面，我们可以设置积极的自我心理暗示。即，把听众当作自己的亲朋好友等熟悉的人，这样一来，紧张感就会自然地有所下降。或者上台后先发制人，与观众进行一些互动，比如问大家："今天来了不少人啊，可真热闹啊，有没有来自××的老乡啊？"通过这些积极的暗示，既拉近了自己与听众的距离，也在无形之中有效地消除了紧张感。

此外，我们还可以采用转移目光法。即，不要总是把目光盯着那些挑剔或怀疑的眼神，以及那些毫无表情的面孔，因为这类严肃的表情只会使你越看越紧张；要尽量看向那些鼓励的、友好的眼神，以及那些微笑的、向你点头示意的面孔，他们往往会带给你支持与鼓舞，有助于你提升信心，放松心情。但是，如果有领导一脸严肃地坐在台下，你如果不看就是不尊重对方，那么这时候就可以采取虚视法——只看他的头顶，不接触他的眼神，似看非看，同样可以大大降低你的紧张度。

五、听众人数多，压力大

演讲时听众多了就紧张，这是一个非常普遍的问题。一般人都愿意在小范围内讲话。因为大家都会有一种心理，即凡事首先预想最坏的结果，听众人数越少，坏的结果所影响的范围就越小，紧张感相应就会减少；相反，听众人数越多，坏的结果所影响的范围就越大，就越感觉羞愧，从而加深了紧张感。

在这种情况下，我们应该如何消除紧张感呢？

第一，我们可以转移自己的关注点。把关注点从听众的规模，转移到演讲的内容结构上，比如应该先讲什么，再讲什么，如何开头，如何结尾。也就是只专注于自己的讲话内容，而不去管下面的听众的反应。这样做的效果可能有点生硬，却是初学者对于消除紧张的有效方法之一。

第二，可以通过互动转移听众的注意力。比如，当你在演讲中觉得自己很紧张，可以直接向下面的听众提问，请一位听众起身回答问题，或者上台发言，这样一来，紧张的可能就是回答问题的观众，而你反而轻松了。或者，你可以走到离听众更近的地方，同样可以降低你的紧张度。甚至，你还可以直接走到台下对观众说："请大家自由讨论3分钟。"在观众讨论的同时，你便趁机走到人群后面调整调整自己的情绪。此外，你还可以采用别的话语，比如，"请大家把这句话记下来""请大家前后左右交流一下""请大家闭上眼睛思考一下"……这些都可以有效缓解你的紧张。

第三，逐步训练法。听众人数多，压力就会大，因为超出自己的心理承受范围，这时候我们可以慢慢尝试扩大人群。比如在10个人面前紧张，就反复不断地训练如何在10个人面前不紧张；当10个人没有问题了，那就试试50个人、100个人，就这样慢慢拓展范围，直到自己习惯适应。

六、曾有过失败的经历

很多人并非第一次登台演讲，却仍然很紧张，这是因为他曾有过失败的经历。

演讲的本质是站在公开场合发表自己的想法或意见，这是一件非常主观的事情，所以难免遇到听众不满意的情况。这就如同我们在上学的时候回答问题出现错误，或者在公司会议上发表意见而被老板和同事否定一样，实属正常。大部分成功出色的演讲者，也是经过不断的失败和训练成长起来的。

古希腊大演说家德摩斯梯尼最初的政治演说就很不成功。他因为发音不清还口吃，论证无力，被无数次轰下讲坛。在他首次登台演讲的时候，全场没有掌声，只有喝倒彩声。失败后的德摩斯梯尼虽然很伤心，但是他并没有放弃演说，而是开始了漫长的练习。为了矫正口吃，他经常将小石子含在嘴里练习讲话，即使口腔被小石子磨得血迹斑斑，他仍然坚持不懈。为了使自己的声音传得更远，他每天早上爬到山顶，迎风站立，把树木当作听众，一边做手势一边进行长篇演说。就这样坚持练习了 10 年，德摩斯梯尼最终成为一名杰出的演说家。

《易经》认为世间万物皆有变数。懂《易经》的人都知道，没有什么是好运或坏运，换句话说，坏里面有好，好里面有坏，好的过去坏的就来，坏的过去好的就来。"穷则变，变则通，通则久"。

一个人失败的经历会伴随着他的人生，不仅仅在演讲上，而且在他作重要决策时，也会因为失败的经历而备受困扰。我经常在课上分享我自己的经历和凯来创办之初的经历，这些痛苦曲折的经历成就了我，也使很多人听完以后内心更有力量。所以，你们可以看到，失败的经历也是好的，痛苦的经历也是好的，一切都是好的。敢于面对失败的人，才配拥有成功的人生！

七、训练太少，缺乏练习

在演讲中，准备得不够充分也是上台紧张的一个重要原因。

通常来说，准备得不够充分就是训练得太少，从而使演讲者极度不自信。而万全的准备将给你足够的自信，增强你上台演讲的勇气，帮助你克服上台演讲的紧张情绪，达到理想的演说效果。

任何能力都是经过人们不断地训练才慢慢熟悉并掌握的，比如游泳、开车、打高尔夫等。演说也是一种能力，要想消除演说时的紧张感和怯场感，唯一的方法就是训练，而且是有针对性的训练。凯来培养了一批批演说高手，他们在论坛上的演说精彩纷呈，而他们之所以能够在业界熠熠生辉，便得益于他们的有效训练。

当然，如果你没有条件接受专业的演说训练，也可以掌握一些日常训练的小技巧。比如对着镜子练习。镜子能够最公平公正地反映你演讲的真实状况。当你在镜子面前一遍遍地练习之后，你就会对自己的演讲状态了如指掌，就会发现自己在演讲中的优缺点，从而懂得发挥自身优势和改掉缺点。本书中也有许多演讲方法和技巧，你只需要把每一个版块重复训练，就能形成自己的演讲能力。

世界上没有天生的演讲家，任何演讲家都是从不会演讲开始的。在没有演讲能力、缺乏演讲经验的情况下，我们只有像婴儿学走路一样，通过不断地练习、练习、再练习，不断地跌倒、爬起来、跌倒、再爬起来，才能稳稳地走出我们人生的第一步。我们要不断地去演讲，去适应讲台，才能占据一片舒适区。只要有了成功的经验作为基础，当众讲话就不再是一件苦差事，而是一种快乐的体验。

八、没有准备，心跳加速

不知道大家是否有过突然间被别人叫上台发表讲话的经历？在你走上讲台的那几秒，心跳加速，大脑空白，就像世界末日来临一样。

当你站到了讲台上，一时之间不知如何开场，场面一度陷入尴尬。

这就是即兴演讲。它的特点是，演讲者在毫无准备的情况下被邀请上台，必须通过临场发挥来完成一场演说。这就需要演讲者具备敏捷的思维能力和优秀的语言组织能力。

我们来看"怕"这个字，左边一个竖心旁，右边一个"白"字，就是心里一片空白，因为心里空白而感觉害怕。试想一下，当你突然之间被叫上台去讲话，你的应变能力是否会变弱，你是否会因为没有准备而紧张得讲不出话？这种情况也很正常，因为你没有准备好，你对会场大小、听众的人数、讲台布置气氛等都不了解，所以一上台就会被一种陌生感笼罩，就会自然而然地紧张起来，心跳加速。

在现实生活中，即兴演讲不可避免，但它也有许多技巧和方法。

首先，我们每到一个场合，应该第一时间思考，如果是我上台，我要讲哪几点；第一时间去看现场有哪些听众，他们感兴趣的是什么；第一时间去感受现场的氛围，了解听众想听的是什么。

其次，在演讲过程中，由于没有充分的时间做准备，所以我们必须尽快选定主题，将平时积累的知识与主题联系起来，进行快速组合，边讲边思考。同时要学会抓触点，就是可以由它延伸出一些话题的由头，这样才会有话可说。然后从由头开始，边思考边演说，思路就会慢慢打开。

最后，即兴演讲一定要做到言简意赅。因为它毕竟是没有做准备的演说，我们说得越多，就越容易跑题，所以应该做到言有尽而意无穷。

以上就是造成演说紧张的 8 个原因，大家不妨对照一下，看看自己占了几个。你符合得越多，它对你的演说的影响就越大。不管你占了几个，我都想告诉你：一个人的成功 = 想的能力 + 做的能力 + 说的能力。好的演说能力是你成功不可或缺的要素之一。**每个人都可以拥有好的演讲能力，你天生就是属于舞台的人！**

第2堂

心法思维

如何应对演说的心态紧张？

》》

一切从心出发。

心即一切，我心即宇宙，宇宙即我心。

这个世界其实就是我的思想，我的思想就是这个世界。

修佛的人常说，佛在心中，才能明心见性；修道的人常说，修成到心，道在心中；信仰上帝的人常说，神在心中，心中有神，上帝就在心中。

周久渊曾说，关于做圣人的道理，不用去寻其他，其实就在自己的心中。

明朝的王阳明先生在龙场悟道之后，也说了一句类似的话："圣人之道，吾性自足，向之求理于事物者误也。"意思是说，人在成为圣人的过程中，只需要向自己的内心寻找力量，寻求道理。内心具足一切，无须外求。从外部寻找事物的道理是错误的。

那么，心到底是什么呢？

心其实是指我们对一件事情产生不同的判断、认知、想法、意念、意识、世界观以及人生观。心是你的整个精神世界。明心就是明白这个道理。

心即一切，我心即宇宙，宇宙即我心。这个世界其实就是我的思想，我的思想就是这个世界。

我们的心主宰着我们的每时每刻，那我的心到底对你当下有什么影响呢？

世间的万事万物，石头、金属，桌椅，包括我们每一个人，以及我们的身体，都是由能量形成的。因为我们的肉眼无法识别能量运动的快慢，所以便认为它们是一个整体，一个实体。然而，正如《心经》所说的"色即是空，空即是色"，我们肉眼所看到的，也许并不是真实的存在。

那些我们肉眼看不见的东西，决定了我们的外在，也决定了我们的语言能量，更决定了我们每一天的生活质量。我们其实不是住在房子里，不是住在别墅中，而是住在我们的这颗心里。

在演说修炼的过程中，我尤其建议大家修炼我们的内心。然后你会发现，你所看到的世界将呈现出完全不一样的状态。很多学员在学习了凯来的课程（由凯来赵鹤之老师历经 20 年所研发出来的一套演说系统）以后，都在潜移默化中发生了改变，这些改变使他们从内心里生发出一种力量，这种力量便是自信。领导者或领袖人物，更应该认识到心力的重要性，因为只有当你拥有强大的心力和心法，你才有力量去影响他人，成为一个真正的引领者。

在本堂课里，我总结了演讲的 10 大心法。在我看来，这 10 大心法不仅仅是演讲的心法，更是人生的心法。

一、热情法：没有理由的热情

爱默生说过："没有热情，任何伟大的事业都不可能有所成就。"凡事要想获得成功，首先需要的就是热情。热情是世界上最宝贵的财富，它比其他任何东西都更能促使人勇敢、精力充沛，并获得他人的好感。

所以，当你站上舞台的时候，当你到一个陌生的场合中，当你在工作或经营企业的过程中，当你在与他人沟通的时候，一定要有没有理由的热情，没有理由的付出，没有理由的微笑。

对，没有理由的热情。因为只有当你的热情达到了，你的语言能量才会达到，你才能快速地感染你身边的每一个人。

在演讲中，很多人特别关注的是演讲内容。事实上，你的演讲内容在听众的记忆里只占其脑内存的 7%；换言之，你的演讲内容的留存率只有 7%。"梅拉宾法则"表明，一个人演讲时的语速、音量、音色、声音、体态、动作、眼神、手势将占听众脑内存的 55%，而这些方面都可以释放你的热情信号。因为热情本身就能焕发出一种力量，它能通过你传递给你的听众。所以，演讲不是我们的目光在看，也不是我们的手势在做，而是我们从心底里发出的一种声音：没有理由的热情。

主持人董卿说，她每一次主持节目的时候，都会以"亲爱的观众朋友们，大家好"为开场。看似简简单单的一句话，如果主持人说出来的时候是饱含热情的，观众就会在一瞬间被她吸引住。

日本作家松浦弥太郎说："不必过分执着于'成功演讲的技巧'和'有说服力的讲话方式'，请不要吝啬你的笑容和热情。"

从今天开始，不管是在任何场合面对任何人，让自己尝试着做到没有理由的热情吧！只要不断地训练自己，时日渐长，你就真的可以成为一个自带热情光辉的人。

二、自信法：永远保持 100% 的自信

所谓自信，就是对实现目标、圆满完成任务抱有成功的把握。你相信什么你就会看见什么，你看见什么你就会拥有什么，你拥有什么你就会成为什么。

卡耐基出身于美国维吉尼州一个贫苦的农民家庭。他小时候非常胆小自卑，几乎不敢当众讲话。他的母亲发现这个问题以后，便鼓励他参加学校的辩论队，因为她相信，演讲可以锻炼一个人的口才和自信。卡耐基没有令母亲失望，他通过勤学苦练，不但敢于在大众面前

表达自己的观点，还成为学校辩论队的优秀辩手。后来，他更是成为世界闻名的演说家和美国现代成人教育之父。

卡耐基的成名故事向我们证明：无论做什么事情，我们一定要带着一种相信的力量去做，结果会完全不一样。

你在和员工开会的时候，或者在与客户沟通的时候，是否对自己的产品和公司做到100%自信？你知道吗？当一个人100%相信自己当下所做的任何一件事情的时候，这种相信本身就是一种极其强大的力量。我们看《西游记》，唐僧之所以能够从东土大唐到西天取得真经，不仅仅因为他的能力，也不仅仅因为他的团队，还因为他相信一定可以取到真经，甚至将其上升到使命高度。

演讲也是如此，你相信什么，你就会给你的听众传递什么。我们的每一次讲话，只要带着100%自信去讲，并不需要多么华丽的辞藻，就能在无形中将能量传递给听众，因为自信是演讲时的动力，是演讲者重要的心理支柱。你一定要相信，只要充满自信，谁都可以成为出色的演讲者。所以，当你站上舞台的时候，要100%相信自己。你要记住，这个世界上最有穿透力的语言，一定是自信的语言。

三、外观法：其实没有人那么在乎你

当我们站在舞台上演讲的时候，我们总以为，所有人都全神贯注地盯着我们，对我们的每一句话，每一个动作，每一个表情，甚至每一个手势都评头论足。鉴于此，往往倍感压力，神经紧张，从而影响发挥。我想说的是，没有人那么在乎你，至少没有你想象的中那么在乎你。

自认为被过度关注的心理，在心理学上被称为"焦点效应"，即人们往往将自己看作一切的中心，殊不知这样的认知是在高估别人对自己的关注度。不管是在演讲还是日常交往中，很多时候，人们喜欢把自视甚高的心理活动强加到他人身上，以为自己一时的光鲜亮丽或者窘迫难堪可能被多数人关注到，并且持续较长时间，并因此而产生焦虑、紧张、沮丧、冲动等各种负面情绪。其实，这种效应只是我们的"自我感觉良好"或者"自我感觉糟糕"的错觉而已。

美国康奈尔大学心理学教授托马斯·吉洛维奇（Thomas Gilovich）及其团队为了证明这种效应的存在，曾经做了一个实验：他们让一个大学生穿着 Barry Manilow 的 T 恤进入其他学生的房间，并猜测会有 50% 的人关注这件 T 恤，结果最后只有 23% 的人注视了这件 T 恤。

这个实验说明，人们往往高估了自己在别人心中的地位，高估了自己所在意的东西，其实在别人的眼里，这些犹如黄昏的夕阳一般，转眼就会被忘记。

所以，我们在演讲的时候，不要过度关注听众的想法，因为一旦过度关注，演讲者就会过度追求完美，过度拘束，以致把演讲搞砸。我们要时常告诉自己，你没有那么重要，没有人像你想象的那么在乎你。

四、淡定法：时刻保持淡定

演讲相当于现场直播，难免遇到一些突如其来的状况，比如冷场、忘词、讲错、观众捣乱、时间未到而内容已经讲完等，这就需要我们的第四大心法：淡定法。

百度 CEO 李彦宏就曾遇到过这种突发状况。当时，他主持一场发布会，刚一开场，台上就蹦出来一个人，拿着一瓶矿泉水泼向他。刹那之间，全场安静下来，听众和媒体记者都齐刷刷地望向台上的李彦宏。

只见李彦宏一边抹去脸上的水，一边用英文说："What's your

problem？"随后，他抖了抖身上已经湿透的衬衫，淡定地说："在发展 AI 的道路上，总要遇到一些挫折。"说这话的时候，他竭力控制自己的情绪，稳住自己的声调，因为台下还坐着特邀嘉宾——吉利控股集团董事长李书福。

李彦宏话音刚落，现场顿时响起如雷般的掌声。在舞台的五色灯光下，残留在他发端的水珠闪闪发亮。

像李彦宏遇到的这类情况，一般只是少数，而演讲过程中 PPT 出现问题、话筒故障没有声音的状况，则比较常见，这都需要我们淡定处之。

我也有过类似的经历。在一次两百多人的演说课上，我正讲到关键部分时，话筒突然没了声音，当时距离演说结束还有半个小时，我没有办法暂停或中断，唯一的选择就是继续讲下去。我来不及多想，便用平生最大的、确保在场的每一位听众都能听到的声音，继续我的演说。当时，我根本不再去想话筒有没有声音，也不想任何与之相关的事情，而是全身心地投入到没有麦克风的激情演说中。半个小时后，当演说结束，我的嗓子沙哑得一句话也说不出来。

那次演说过去一个月，当时的一个学员再次见到我的时候，便对我说："丹青老师，你知道吗？在凯来的时候，令我特别感动的一件事情就是，当时第一次听你的课程，你的话筒突然间没了声音，你就用很大的声音把它讲完，而且从始至终都没有表现出任何慌乱，就像什么也没有发生一样。那半个小时，我们场下的学员居然都没有注意到话筒没有声音这件事。

"这件事情对我的影响特别大。在此之前，我每次演说的时候都会受各种外在因素的影响，自从听了你的演说，我就告诉我自己，不管发生任何事情成，完成当下的演说才是最重要的。不仅如此，过去在我看来是天大的事情，现在我也能淡定地面对。所以我要特别感谢你，感谢你让我体会到自信是多么重要。"

大家可以看到，自信真的能够使一个演说者在演说中心无旁骛，无论演说中遇到什么样的突发事件，他都可以保持淡定，这才是一个演说高手所具备的基本功力。

五、勇敢法：只有冒险勇敢才能创造价值

人生中有很多机会往往只在一瞬间闪现，只要你有勇气把握住它，成功就会属于你。如果你稍作迟疑，机会就会转瞬即逝。

我特别佩服格力集团董事长董明珠，她第一次直播卖货 23.25 万元，第二次直播卖货 3.1 亿元。她是如何成为新晋"带货女王"的呢？靠的就是勇气。

众所周知，2020 年突如其来的新冠疫情，令许多线下业务进入停摆阶段，直播卖货掀起热潮，各大品牌商纷纷开启直播卖货的探索之路。2020 年 4 月 24 日，董明珠在抖音平台开启了格力专场，没想到这次直播首秀出现了罕见的事故，由于直播间一直卡顿，再加上缺乏带货经验，董明珠仅一个小时就下播了，而成交数据也的确很不理想：上架 38 种商品，销售 258 件，销售额 23.25 万元。

不过，这位一贯雷厉风行的"铁娘子"怎么会就此放弃呢？ 5 月 10 日晚，董明珠带领格力，在快手开启了第二次直播卖货之路。而这次的成绩相当不错，甚至可以堪称完美。官方的数据显示，董明珠开播 30 分钟，销售额超过了 1 亿元，开播 100 分钟，成交额破 2 亿元，全程 3 个小时的直播，一共卖货 3.1 亿元，这是大件家电直播赛道中创造的最好成绩。当时，格力的季度营收为 203.95 亿元，日均营收为 2.26 亿元，董明珠这 3 个小时的直播卖货成绩，相当于格力线下线上所有门店一天多的销售额。

董明珠的故事告诉我们，只要我们勇敢地抓住人生中的每一次机

会，就会在下一个拐角处创造出意想不到的结果。而在领导力所涵盖的所有特质中，勇气是一种最重要的特质。一个优秀的企业家或领导者，必定能够勇敢面对一切讲话的机会，勇敢面对一切挑战，而且能够勇敢面对失败。

人生的路很长很长，我们要勇敢地去面对人生的每一个起伏，每一个挫折。演讲也是一样，只要你敢于挑战自己，敢于站到舞台上，敢于面对很多的人，你就能够成为优秀的演讲者。

六、试错法：边试错边纠正，立即行动

很多人演讲时紧张是因为不敢试错，担心尝试会失败。其实，试错是练好口才的第一步，因为演说作为一种能力，必须经过不断地试错才能练成。

很多学员经常问我："丹青老师，我该如何克服紧张？"

我说："从现在开始，在接下来的一个月时间里，你要完成28次讲话。"

他说："这么简单吗？"

我说："是的，就这么简单。当你完成28次讲话，你再过来找我。"

对于演讲初学者来说，要想克服上台紧张，唯一有效的做法就是让自己尽可能多地去试错。为自己写下一个数字，18也好，25也好，哪怕是99也好，你一定要去完成这个次数的讲话。量变产生质变，当你完成了这个数量，自然就会获得理想的结果。

从今天起，写下一个数字，开始试错吧。对，就在今天。就像学习射击一样，先开枪，再瞄准！

在这个竞争激烈的社会，"先开枪，再瞄准"才是硬道，它强调的是一种执行力。凡事不是要等到万事俱备才开始行动，而要先行动再去调整方向，否则等你准备好了，别人早就已经成功了。演讲和创

业做短视频直播一样，要先开始去做去讲去试错，再进行方法的调整，最怕的是刚准备就绪，一切结束了！

如果把人生比作一个战场，你若一味地想要找一个最好的射击角度，想要找准心脏再射击，便很有可能在你尚未找准角度的时候就被对手射中了。其实很多时候，先开枪，后瞄准，反而能够给你争取更多的时间，使你有更大的胜算。

春秋战国时期，一对父子出征，当时父亲已经是个大将军，儿子却只是一个马前卒。在战场上，父亲冲锋陷阵英勇无比，儿子却总是手忙脚乱，一会儿拿着矛，一会儿拿着刀。每每大敌当前，号角已经吹响，儿子却还在犹豫应该拿什么兵器杀敌更好，上了战场后，则总是想找准敌人的要害再下手。

一次临战前，父亲嘱咐儿子说："我知道你每次都想拿一件最厉害的兵器上阵，今天我就把家里祖传的宝刀给你，你可以把它佩带在身上，但千万不要抽出来。"

那把宝刀装在一副极其精美的刀鞘里，刀鞘边上镶着幽幽泛光的宝石，刀把上精雕细刻着华美的花纹，儿子一眼便认定这是家传的宝刀。他顿时喜上眉梢，耳旁仿佛战鼓声声，联想着手起刀落，敌方的主帅应声落马而毙。

此番上阵后，佩带宝刀的儿子果然不同往日，就如脱胎换骨一般，英勇非凡，所向披靡。这次敌方如遇大将，败势不可挡，于是鸣金收兵。儿子禁不住得胜的豪气，忘了父亲的叮嘱，快马加鞭，拔出宝刀追杀敌人，大胜而归。

儿子杀敌得胜后回到营地，一看手中的宝刀早已在奋力拼杀中有了缺口。这明明就是一把普通的刀而已，为何上阵的效果却如此不一般？

父亲看到儿子迷惑不解的表情，便道出了真相："你的父亲为何杀敌英勇，被人尊为将军？因为我上阵前从来不追求多么厉害的兵器和装备，在战场上我只注重速度，不是只有看准敌人的要害才出手。你要知道，冲锋杀敌，兵贵神速，有了勇气和速度，即使是普通的兵器也能发挥奇效！"

战场上兵刃相见，商场上斗智斗勇，谁先出手，谁就可能一举获胜。任何斗争或竞争，速度是最重要的，至于招式是否漂亮，是否击中要害，都在其次。所以，不管做任何事情，我们都要懂得放弃一些程式化的东西，赶快行动起来，这样我们就会获得速度，赢得胜利的时间。

七、灵活法：凡事都有三种以上的解决方法

不管是在演讲中，还是在我们的生活或工作中，总会遇到各种不同的问题和困境，需要我们不断地寻找不同的方法来解决。由于演讲的场合总是各不相同，所以我们在演讲过程中遇到的问题也各式各样。而讲话作为一门艺术，其本身就具有更加显著的灵活性，需要我们掌握更多的演讲技巧来应对各类场合的状况。

在本书的每一堂课中，我都会向大家介绍一些演讲的技巧，所以在此就不一一罗列，只略提几点以供参考。

第一，在演讲中使用幻灯片。幻灯片以其生动、引人入胜的演示方式，在减轻演讲者负担的同时，更好地传递信息，使听众更容易抓住演讲的主题。但是，幻灯片避免使用过多，演示文稿的内容也不宜过于冗杂。

第二，借助手势可以使演讲更加生动有趣，并帮助听众理解演讲者的思路。商界传奇人物埃隆·马斯克在舞台上最喜欢做手势，因此他总是给人一种自信的感觉，并能快速地吸引公众的注意力。

第三，幽默的语言可以使演讲变得更加轻松。有研究表明，观众往往更喜欢有幽默感的演讲者，也许他们不会自动地认为演讲者的话

是真实的，但他们会更愿意接受演讲者传递给他们的信息。

第四，在舞台上切忌一动不动，而应该有移动的动作。在演讲过程中移动，将有助于演讲者减少紧张感，转移观众的注意力。当然移动的动作应该自然、柔和。

当然，在任何一种演讲场合中，都有不止一种技巧来应对各种问题和困难，我们甚至可以说，凡事都有三种以上的解决方法，关键在于演讲者对这些技巧的灵活运用。

为什么是三种以上的方法呢？"三"在我们中国是大数，"一"代表没有选择，"二"代表两相对立，"三"代表更多的可能性。如果遇到事情只有一种方法，则必然陷入困境，因为别无选择；遇到事情有两种方法，也会陷入困境，因为进退两难；遇到事情有三种方法，则一般会找到更多的方法。

就拿我们日常的讲话来说，在同一件事情上，也会有很多种灵活的表达方式。比如你真心想约一个人吃饭，你会怎么和他说呢？

你说："今天晚上有时间吗？我想请你吃饭。"

他说："今天晚上我没有时间。"

如此一来，这餐饭就吃不成了。

其实，你可以一上来就让他选择："周三和周四这两天你哪天比较方便？我想约你吃个饭。"

学会给别人作选择（A、B或者C，你比较倾向于哪一个），而不是只给他一个答案A。

当你给下属布置工作时，也可以给他一个选择："这个工作是今天能完成还是明天能完成？"

"我觉得明天可以完成。"

"明天上午还是下午呢？"

"明天下午。"

"大概什么时间可以交给我？"

"明天下午 3 点钟之前。"

这样的对话方式就比你直接说"明天下午 3 点钟之前必须把这个方案交给我"更能使下属接受，因为后者是一种强压性的表达，极易使人产生抵触情绪。

八、宝库法：自信心的建立要经过 5000 次以上的肯定

诺贝尔奖获得者芭芭拉·麦克林托克说："我所做的研究，即使无人表示赞同，那也没有关系，只要我相信自己是正确的，我就不会介意别人怎么看，它早晚会脱颖而出。"

地质学家李四光凭借对自己专业的自信，坚持不懈地在中国大地上找油 30 年，终于发现了大量油田，打破了中国"无油论"。

申斯基教授说："如果没有信心，人类将一事无成，连路也不会走。一个人相信他能做好一件事情的信心越强，他能做好这件事情的可信度就越大。"

法国历史上的传奇总统戴高乐曾发表演讲《谁说败局已定》："那些身居军界要职的将领们，以我们的军队打了败仗为由，已经组成了一个政府。没错，我们的确吃了败仗，我们陷于敌人的包围之中。我们之所以遭受挫败，不只是因为敌我力量悬殊，更重要的是败给了德军的飞机、坦克和战略。种种重压之下，我军无力反抗。但是，难道失败已成定局，我们就无力回天了吗？不，绝不如此！请相信我，我对自己说的话胜券在握。我告诉诸位，法兰西并没有失败！我们完全可以以牙还牙，并在有朝一日扭转乾坤，反败为胜！"

从这篇气势豪迈的演讲中，我们丝毫感受不到戴高乐作为溃败方的领袖人物在气势上的示弱。他以一贯的宏大气魄，断然否定了一时的失败，表现出超强的必胜信念。人们评价戴高乐"永远有着强大的

自信，仿佛身后站着千军万马"，如此看来，此言不虚。

自信是我们做任何事情成功的引路人，也是我们坚持做任何事情的原动力。那些有所成就的人，无一例外，都是充满自信，敢于迎难而上的人。

自信是天生的吗？自信大部分是后天形成的。正如 NLP 大师李中莹老师说的："自信的基础是能力，但是能力必须经过肯定才能变成自信。"

自信的人无疑是充满正能量的人，他接收到的都是正能量，而这些正能量有可能来自小小的肯定。自信就是一次次的小肯定累积而成的，一个人的自信，往往要经过别人 5000 次的肯定或赞美才能建立起来。试想，一个总是得到批评而不是肯定或赞美的人，他累积了较多的负面情绪，又如何建立真正的"自我"呢？更别说建立自信了。

有研究表明，一个人在成年之前就能够发展出足够的自信，前提是父母在他成长过程中给予了应有的鼓励。但这只是一种理想的状态，因为大多数父母望子成龙心切，给予孩子更多的是批评，或者认为孩子获得的成绩是理所应当的。如果一个孩子没有获得足够的肯定或赞美，那他只能通过各种方式补齐。

很多人做事没有信心，当他被肯定的次数多了以后，就会变得有信心，一个人的自信心在经过了 5000 次的肯定以后，他内心就会想，我真的能够做到，我可以！如果你家里有孩子或者你身边有一些人对某一些事情不自信的话，你需要不断地给他肯定，不断地给他鼓励，不断地给他信心，5000 次后他慢慢就会自信，底气就会油然而生。很多时候你会发现，为什么他没有自信，因为他受到了批评、批判或者是太多不好的评价，导致他没有信心，没有力量，所以我们要给身边的人更多信心。你不是夸一次就够了，而是要不断地夸 5000 次。

演说自信的来源一样，也是通过无数次成功的讲话才能累积而来。

从现在开始，我们把每一次成功的演讲、每一次成功的沟通、每一次成功的交谈，都建成一座小宝库，然后我们就会发现，随着小宝库越积越多，我们的演说也越来越自信。

公司的企业文化也是小宝库的建立，把过去获得的每一次成功的事件累积起来的过程，就是打造企业文化的过程。

在凯来北京总部，进门有一面墙，墙上记录着凯来的文化历程。有凯来团队在"长征"路上的照片，有当时穿的一件"大红袍"以及一件战袍"黄金甲"，每次我们团队召开重要会议或开展重要工作，都会请出这件"黄金甲"。

这面墙就是我们的企业文化小宝库，它的内容越丰富，我们的文化自信就越强。

当演说者获得充分的自信之后，他无疑会通过演说将自信传递给听众。因此有人说，演说者是自信传递的使者。

尼克·胡哲生来就没有四肢，一般人早就自暴自弃了。但是他现在在全世界演讲，每次演讲都有几万人去听。他一开始是到学校给孩子们讲，现在可以站在世界上任何一个讲台上演讲，可以激励全世界的人。他还会做很多常人都做不到的事情——游泳、敲鼓、踢足球……

为什么这么多人会喜欢听他演讲？有人说他身残志坚、性格乐观，除了这些，更重要的是听过他演讲的人都变得更爱自己了，人们开始觉得拥有健全的身体就是上帝的恩赐，没有任何理由不爱惜自己，也没有任何借口不努力上进。

想种下金种子，首先要种下信心。信心来自变化，来自过去与现在的自己。接下来要种的是希望，给别人以希望，给自己以希望。希望来自目标和梦想，目标要足够远，梦想要足够大。

我们在讲话的时候要学会给听众种下金种子，激励他们，让他们更有信心，这样你的影响力就会越来越大，你身边有影响力的人也会越来越多。

九、主动法：不要等待，主动出击

不知道大家有没有发现，那些真正厉害的人，往往都非常主动。因为他们知道，主动会给人带来很多潜在的好处，一个人越主动，他获得的东西就越多，他就越幸运。

鼎鼎大名的"投资女王"徐新从南京大学外语系毕业后，进入中国银行总行担任普通柜员。她的日常工作就是登记、复印、盖章，非常单调。她不满足于终日只做这么简单的事情，更不希望自己原地踏步，于是她暗暗定下目标：当先进并晋升科长。此后，她主动承接更多的工作，积极努力地帮助其他同事，在不到一年的时间里，被评为"三八红旗手"，几个月后又被晋升为副科长、团支部书记。几年后，徐新凭借出色的业务能力，获得了参加我国政府与英国政府联合培养优秀注册会计师考试的名额，并只用两个星期的准备就通过了考试，被选拔进入业界翘楚——香港普华永道知名系统进行学习。从此以后，徐新的事业节节高升，最终成为中国优秀的风险投资家。

试想一下，如果没有工作之初的主动和积极，或许就不会有她这一路的幸运了。所以，真正厉害的人，既不会对自己的本职工作有所松懈，也绝不允许自己的人生停滞不前，而是拼命抓住每一个逆袭的机会。机会也从来不会从天而降，而是为那些积极主动的人时刻准备着。

因此，一切都应该主动，主动去汇报，主动去分享，主动去上台，主动去沟通，主动去赞美……我们的人际关系、团队沟通、家庭关系，都是源于"主动"二字。当你"主动"了，你就可以化解一切危机。

现在，请写下 3 件你想要主动去做的事情，看看哪些事情是你在过去不够主动的，马上去尝试吧！

十、参与法：做参与者，不做旁观者

托尔斯泰说："世界上只有两种人，一种是观望者，一种是行动者。"

曾国藩说："天下事，在局外呐喊议论，总是无益，必须躬身入局，挺膺（胸）负责，方有成事之可冀。"

人们大多渴望做参与者，可为什么凡事真正参与的是少数，大部分人都成为了旁观者呢？旁观者永远在思考，或顾虑重重，或事不关己；参与者则一直在行动，有主动意识，有躬身入局的责任感。最后的赢家，只能是参与者。因为想都是问题，做才是方法。

有这样一个故事：

在一条只容一个人经过的田埂上，两个挑着沉重担子的农夫相遇了，他们谁也不愿意让谁，因为路太窄，不管谁先让，都得从田埂上下到水田中，沾一脚泥。

田埂两头站了很多看热闹的人，大家都当起了裁判。有人说："年轻人应该让老大爷。"有人说："担子沉的应该让担子轻的。"旁观者你一言我一语地争论着，可田埂上的两个人却谁也不相让，就这么你瞪着我我瞪着你地僵持着。

就在这时候，来了一个路人。他见此情景，一句话也不说，脱了鞋，拨开围观者，径直走到田埂中央，对着年长者说："大爷，我先下到田里，您把担子递给我，我替您挑着，您一侧身就过去了。"

就这样，一件看似陷入僵局的难题就这么轻松地解决了。所以，当我们遇到事情时，只要稍微转换一下身份，从旁观者变成参与者，就会使事情出现转机。曾国藩把这种参与者称作"躬身入局的人"，我们则把这种人叫作"做事的人"。"做事的人"就是主动出击的人，也是最终能够掌握大局的人。

躬身入局意味着换位思考，在一个企业中，能够换位思考的人才是企业最需要的，因为他有解决矛盾或改变窘境的能力。企业不需要抱胸旁观者，也不需要只说不做的人，你必须用快速果敢的行动和强烈的主人翁意识证明你自己。

在那些需要讲话的场合里，又何尝不是如此？不管是在课堂上、会议里，还是在演讲中，很多人不愿意起来发言或提建议，因为他们总是担心出错，担心不完美，担心被嘲笑，被否定，被批评……看到别人发了言，便随声附和：对对对，就是这样……

是什么导致旁观者不愿意参与呢？我认为有两个原因。

一是受到思维限制。每当有讲话或演说的机会时，旁观者首先就在心里否定自己：我不行，我不会，还是等下次吧，下次我一定上……然后心安理得地选择做旁观者，在台下欣赏别人，羡慕别人。他不知道，这次不开始行动，下次也不会行动，因为按照他的思维惯性，还会有很多个"下次"。

二是参与者已经非常习惯待在自己的舒适区，而不愿意去挑战学习区和非舒适区。因为在他们看来，在众人面前演说、在会议上发表见解、在课堂上与老师互动、上台表演……所有这些都会使他们感到恐惧和紧张，因此，他们为了让自己更自在，就会选择一直待在舒适区。殊不知，舒适区只会禁锢他们的思维，使他们的人生毫无突破。

旁观者一直充当观众，向台上投去欣赏和羡慕的目光，自己却原地不动；参与者一直在台上，在众人的目光中越来越优秀，越来越强大。所以，要想使自己变得更优秀，就应该拆掉我们思维里的"墙"，走出"舒适区"，一有机会就展示自己、锻炼自己，告诉自己一时的否定没有什么大不了，上升趋势才更加重要。

打破旁观者意识最好的方式，就是开始行动。

以上就是演讲的 10 大心法，当然，你也可以总结出专属于你的人生十大心法。问问自己，你之所以取得今天的成功，获得现在的成就，变成今天的模样，是哪些心态影响了你？你是如何坚持到现在的？……这些都是你人生最大的力量源泉。

我即万物，万物即我。你所遇见的每一个人，你当下的每一个想法，其实全都是你内心的对话。心是我们的一面镜子，你此刻在想什么，镜子里就呈现出什么样的像。我们的心是什么样，我们的演讲就会拥有什么样的世界。当你打开你的内心，你的演讲就会打开一个全新的世界。

第**3**堂

手势思维

如何巧用无声语言，增强演说气场？

美国心理学家艾德华·霍尔说："无声语言所显示的意义要比有声语言多得多。"而真正的演说，正是有声语言和无声语言的有机结合。

很多人上台讲话很拘束，双手不知道往哪里放，浑身都不自在。这是不会运用手势的缘故。手势在演讲中非常重要，它是人类进化史中最早适用的交际工具，先于有声语言。

在每次苹果发布会正式开始之前，乔布斯都会提前一个月把场地租下来，而这只是为了模拟演练。演练内容包括他的 PPT 内容、走位、节奏，甚至每一个眼神都会进行无数次的彩排和调整。

事实上，乔布斯每次发布会的内容都是在更早的时间就已经准备好的，为什么他还要提前一个月就租下场地进行模拟和演练呢？因为演讲不只是讲话，还必须有语言之外的信息传递。在舞台上，演讲者给听众带来的是一种整体观感，它包括演讲者的手势、声音、停顿以及情绪的传递，这些都是非常重要的。

真正的演说包括有声语言和无声语言。有声语言是你讲的每一句话，无声语言是你演讲时的目光、手势、表情等非内容因素所传递出的信息和情感。其中，手势作为体态语言中的一种，在演讲中的作用不容小觑。

一、如何做手势

手势通过运用手掌、手指、手臂动作的变化来传递信息和表达感情。在语言形成之前，人类借助手势和辅助工具交流信息。孔夫子在

《礼记·乐记》中说："言之不足，故长言之；长言之不足，故嗟叹之；嗟叹之不足，故不知手之舞之足之蹈之也。。"可见，数千年前的至圣先师也在提醒我们，当言语不足以表情达意时，可以借助肢体语言来表达。其中，手势语言是无声语言中运用最频繁，表达感情最丰富的形式。

现如今，不同的国家、民族和宗教都有其独有的手势，不同的手势代表不同的意义。

比如，在古希腊时期，握手这一最常见的手势被用来试探对方是否携带和隐藏武器。由于人们普遍擅长用右手使用武器，所以选择用右手握手。随着社会的发展，握手失去了以往剑拔弩张的意义，早已演变为信任与问候的象征。

第二次世界大战期间，英国首相丘吉尔在一次演说中伸出右手的食指与中指，做成"V"的手势来表示胜利。从此，这个手势就流行于世界各国，人们在庆祝胜利或成功时都喜欢做出这个手势。

在演讲表达过程中，手势可以运用动态力量来营造演讲的立体感，以此增加表达的全方位效果。

二、手势的划分

演讲中的常用手势有哪些呢？

从表情达意的功能来划分，常见手势有情意手势、指示手势和象形手势3种。

第一种：情意手势

情意手势能够将抽象的感情具体化、形象化，主要表达演讲者喜、怒、乐的强烈情感。比如挥拳表示愤怒，推掌或伸出食指表示拒绝，搓手表示着急和担心等。它既能渲染气氛，又有助于听众体会演讲者直观的思想情感，在演讲中使用的频率最高。

例如，当我们在演讲时讲到"我们一定要扭亏为盈"的时候，为了配合这句话，我们可以将右手从右上方向左下方劈下，并在说到最后一个字"盈"的时候，顺势握成拳头，凸显果敢有力的形象，给人以信心和力量。

第二种：指示手势

指示手势通常指明演讲者所提到的具体的人、事、物、方向等。比如对于在场听众视线所能达到的"你""我""他""我们""你们"或"这边""那边""上面""下面""这些"等，我们都可以配合有声语言，将右手上举于头侧，握拳伸出食指来指一下，以加深听众的印象。这种手势动作简单，表达专一，一般不带感情色彩。但是，对于听众视线不可感知的事物，则不能使用这种手势。

第三种手势：象形手势

象形手势指利用手势对人或物的形状、体积、高度进行模拟和比画，给听众一种具体的印象。比如演讲时讲到"什么是爱？爱是奉献"，则可以一边说一边将双臂在胸前平伸，臂微弯，手心朝上，比画出献物状，使听众理解到爱的含义。比如演讲者讲到"袖珍电子计算机只有这么大"时，也可以一边说一边用手模拟一下，听众就能大概知道它的大小了。

从手势活动的位置来划分，常见手势一般可分为高位手势、中位手势和低位手势 3 种。

第一种：高位手势

高位手势是指运用于身体肩部以上的手势，该部位属于高能量区。它比较有号召力、感染性和带动性，适用于号召激励型的讲话。

高位手势一般代表演讲者的心情较好，表达的是理想、希望、祝贺。当演讲者需要发起号召，表达最强烈情感的时候，也会使用高位手势。美国总统大选，候选者们往往要进行多次演讲，他们在每一场演讲中都会使用大量的高位手势，以鼓舞人心。使用高位手势的时候手心要向上，如果手心向下则会显得很滑稽。

第二种：中位手势

中位手势是指身体腹部到我们肩部这一区间所用的手势。

在演讲中，无论是陈述事实还是说明道理，只要是表达较为平和的意愿时，演讲者的手应自然而然地放在自己身体的前方，这个时候手心向上或向下都可以。因此，中位手势较多适用于会议型演讲和我们日常聊天讲话。

第三种：低位手势

低位手势位于演讲者腰部以下，属于低能量区。

如果我们在讲话的时候产生紧张情绪，手势一般就打不开，因为肢体语言是根据我们自身的心理状态来运动的。从行为心理学的角度出发，一定要把手势打开，这样才能使我们的心情放松。所以，在演说中应避免把手放在低位区，因为它会使你显得缺乏激情和力量。如果你一定要将手插在裤兜里耍帅扮酷，也要尽量只将一只手放在低位区。

在做手势的时候，我们不仅要注意手势的高低，还要注意手势的前后。注意手不要太贴近你的身体，最合适的位置是距离身体一拳，手势越向前，越能带动听众。因为手势的前后代表了演讲的张力，而手势越高氛围越好。

三、演讲万能手势

为了增强演讲的表现力，演讲时的手势变化不一，其中有 5 种常用的万能手势。

1.摇

让手势跟随讲话的节奏，用大臂带动小臂来做摇一摇的动作。上下摇一摇，左右摇一摇，这样可以把自己的能量圈扩大。这是我们演讲中一种最自然的手势，适用于多种场合。

2.切

双手或者单手向上 45 度角，手掌张开，做成切菜式的手势。保持这一手势不动，一般表示态度比较坚定，以及对自己所讲内容的自信；当以这一手势向下切，则表示要采取比较果断的行动。因为这一手势传递的是一种坚定的力量，所以在做这个手势的时候一定要有力度。当我们讲到重要内容或是重要数据时，一定要多用"切"的手势。

很多企业家在讲话的时候用"切"的手势用得比较多。董明珠在很多论坛演讲以及采访过程中，都给人一种非常霸气的印象，除了她本身自带的气场外，也和她喜欢使用代表力量的"切"的手势有关。我们在做这个手势的时候，可以单手切，也可以双手切。但是切记，这个手势不是在什么人面前都能使用的，比如在领导面前，做这个手势就不合适。

3.拉

单手或双手做出向外拉伸的动作，会给人一种延伸和扩展的感觉。这种手势多用于表达时间跨度。

4.抓

单手或双手做抓握的手势。当我们在讲到某个关键点的时候，可以用"抓"的手势来吸引大家的注意力。

这个手势也被称为"领导人的手势"。某国家领导人在讲到"……不管前面是地雷阵，还是万丈深渊，我将勇往直前，义无反顾，鞠躬尽瘁，死而后已……"时，短短几分钟的发言，多次运用了"抓"的手势，令人印象深刻。

5.伸

手向前伸。一般在问好、邀请重要嘉宾或提到重要人物时，都可以用向前伸的手势，让身体快速打开。如果是在几百人、几千人的舞台，运用"伸"的手势也能够彰显演讲者的气场和霸气。

简而言之，常用手势的运用可以概括为摇一摇、切一切、拉一拉、抓一抓和伸一伸。手势位置的不同可以展现不同的内在心态，不同的手势也可以表达不同的情绪。

如果演讲者在演说中使用手势，并能巧妙使用手势，他的演说气场一定会瞬间倍增。

四、手势使用的基本原则

无论演讲者使用什么样的手势，或是如何注重手指的细节，在演讲过程中都不能随心所欲，而是需要遵守以下几个原则：

原则一：手势的大小应随着会场的实际情况进行调整。如果会场大、人数多，演讲者的手势幅度便应该大一些，便于听众都能看见；如果会场小、人数少，则演讲者的手势幅度宜小不宜大，否则给人一种过于夸张的感觉，这与现场布置也不协调。此外，如果在场都是女士，则手势幅度不应过大；如果在场都是男士，则手势幅度应该大一些。

原则二：做一个手势的时候，应该停留足够长的时间。如果手势刚一做出来立马就收回去，就会使听众对你失去信任感。很多舞台明星在调动现场气氛的时候，都会使一个手势保持较长时间后，才换另一个手势或同一个手势换另一个方向。

原则三：手势的部位、幅度、方向和力度都应与演讲者的语速语调、面部表情及体态协调一致，切忌生搬硬套。在演讲过程中，只有当演讲者的手势与口语表达密切配合时，才会呈现出生动具体的效果。演讲者不能话还没有说出来，手势已经先出去了，也不能话已经说完，才想起来要做手势。也就是说，手势必须随演讲的内容、演讲者自身的情感及现场的气氛自然而然地做出来。只有这样，才能彰显出演讲者自身独有的演讲风格。

　　将这 3 条原则与 5 种万能手势相结合，将形成你个人独有的手势。

　　当然，演说也不仅仅是手势的表达、语言的表达，它更是每个人内心自信和勇气的表现。演说归根结底就是为了使你成为更好的自己，去面对这个千变万化的世界。

第 **4** 堂

开场思维
如何做一个万能的演说开场？

在一场演说中，好的开场是成功的一半，如果演说的开场有足够的吸引力，就能牢牢抓住听众的注意力。

一、演说开场定江山

心理学上有一个名词叫"首因效应"，即"第一印象"总是最深的，它在印象形成过程中的权重最大。

人与人接触以后，彼此印象最深刻的依然是初次见面时的画面和场景。就如同一首歌好不好听，人们在听完第一句以后就会有所判断，因为第一句能给整首歌定调。

演说也是如此，开场定江山，尤其是第一句话，观众听完开场就知道自己感不感兴趣，想不想继续听下去。都说"万事开头难"，演说难也难在开场。比如很多企业家，虽然事业做得很成功，可是一到当众讲话的时候就脑子空空，不知道如何开口。

一位在餐饮行业深耕10多年，在全国拥有上百家连锁店的企业家，每次被邀请到一些论坛上作分享，总是只能吞吞吐吐地说几句话。后来他再被邀请，无论是几个人的讲话还是几千人的演说，干脆全部推托不去，他觉得自己没有当众讲话的天分，讲得越不好压力越大。其实，这一切都源于他无法做出一个好的开场。

二、演讲开场的目的

在一场演说中，不管演讲者准备了多少内容，演讲最开始的30秒钟都是最重要的。这短短的开场白可不容小觑，它直接决定你这场演说的受欢迎程度，因为大部分听众将根据你给他们留下的第一印象来决定是否继续聆听你的演讲。

因此，演讲开场白应达到三大目的：

1. 拉近距离，链接起演讲者与听众之间互相沟通的第一座桥梁。

2. 建立信任，塑造好演讲者在听众心中的第一印象。

3. 引起兴趣，快速吸引听众目光，为后面的演讲做好准备。

三、好的开场

台上一分钟，台下十年功。开场白虽然短小，却一定要精悍。它一定是独具匠心的，既能调节开场气氛，又能抓住听众的耳朵，使全场的目光都聚焦到你身上。

总而言之，好的演说开场白应该具备这几个特点：1. 让对方觉得你很有趣；2. 吸引听众注意力，激发听众好奇心；3. 使对方获得自我满足感；4. 引起对方的情感反应。在此，我仅列举几种比较具有代表性的开场白类型。

1. 巧妙赞美

人人都喜欢被人称赞，所以不管在说话还是演讲的时候，以直接或间接的赞美作为开场，不但能使对方拥有好心情，对你产生好感，还能拉近彼此的距离。

霍依拉作为世界著名的销售专家，他的一个成功秘诀就是，与人初次交谈时，一般以赞美对方的优点作为开场白。在他看来，拉近人与人之间关系的法宝就是扬人之长避人之短。有一次，他前去拜访梅伊百货公司的经理，几句寒暄之后，他突然问经理："您是在哪里学会开飞机的？像您这样会开飞机的人可没有几个啊！"对方经理听了之后，便高兴地与他聊起自己开飞机的事，两个人一聊就是一两个小时，不仅合作谈成了，经理还热情地邀请他乘坐自己的私人飞机。

其实，霍依拉在拜访这位经理之前，就已经做足了功课，他打听到这位经理喜欢开飞机，便投其所好，特意以这个话题作为开场，取得意想不到的效果。

在演讲中，赞美式开场白是一种很好的暖场方式，它使听众感到自己的价值得到了认可，从而对演讲者后面的讲话充满兴趣。不过，赞美不是溜须拍马，所以不需要"为赋新词强说愁"，而要想办法巧妙赞美。

2. 制造悬念

人人都有好奇的天性，一旦有了疑虑，都想一探究竟。为了引发听众的好奇之心，在演讲开场白中运用制造悬念的手法，往往会收到意料之外的效果。然后在适当的时候解开悬念，使听众的好奇心得到满足，也使演讲前后相互辉映，浑然一体。

有一次，一位日本教授要给学生做一次演讲。演讲开始后，他并没有直入主题，而是慢吞吞地从衣服口袋里摸出一块黑黢黢的石头，用袖子擦拭半天说："各位同学请注意看了啊，这是一块极为难得的石头，全日本可是只此一块。"学生们听了以后，都把脖子伸得长长的，想要看个究竟。然后教授才告诉大家，这块石头是他在南极探险的时候带回来的。接下来，他便讲起了自己在南极的探险经历。

还有一个不知名的演讲者是这样开场的："关于抽烟，我总是在想，为什么吸烟的害处那么多，人们却仍然要吸呢？我想了又想，最后得出一个结论，抽烟可能有三个好处：一是不会被狗咬；二是家里不会有小偷；三是永远年轻。大家肯定要问，这是为什么呢？因为，一是抽烟者多为驼背，狗看见他弯腰驼背的样子，以为要捡石头扔它呢；二是抽烟的人老咳嗽，小偷听了，以为家里有人醒着，不敢行窃；三是抽烟有害健康，缩短人的寿命，所以抽烟者永远年轻。"

这样的开场白听起来是不是很过瘾，非常引人入胜？它能一下子就引起听众的注意，吸引他们坐等答案揭晓。但是需要注意的一点是，制造悬念不等于故弄玄虚，既不能频繁使用，也不能有头无尾，必须给出使人"恍然大悟"的答案，否则就会使听众感觉被戏弄。

3. 语出惊人

如果你想迅速吸引听众的注意力，不妨在演讲开场白中描绘一个奇特的场面，或透露一组触目惊心的数据，或讲述一个骇人听闻的故事……你的惊人之语，往往会收到意料不到的效果。

无产阶级革命家彭湃早年在海陆丰开展农村工作。有一次，他到乡场上向农民发表演讲。可是，眼看着农民忙忙碌碌，步履匆匆，如何才能吸引他们来听演讲呢？彭湃想出了一个好办法。他站到乡场的一棵大榕树下，大声喊起来："老虎来啦！老虎来啦！"农民们一听，都吓得四处逃跑。过了好一会儿，大家发现受了骗，便纷纷上前责怪彭湃。彭湃连忙道歉说："对不住大家了，不过我可没有骗人，那些官僚地主、土豪劣绅难道不是吃人的老虎吗？"大家一听，你看看我，我看看你，都不知道彭湃葫芦里卖的是什么药。彭湃便趁机向大家宣讲革命道理。这次演讲后不久，当地的农民运动快速开展起来。

语出惊人的开场白适合在听众积极性不高、气氛不好的情况下进行，能起到"惊醒"观众的效果。

4. 自嘲式开场

演讲者与听众之间天然的距离感，会使听众产生仰视，而幽默的自嘲可以消除这种仰视感。自嘲式开场与赞美式开场看似两种相反的开场方式，实则一个道理——都是在赞美听众。赞美式开场是直接赞美听众，自嘲式开场则通过幽默的方式嘲讽自己来衬托听众，使听众不自觉地产生一种莫名的优越感，从而内心产生快意。

1990 年，中央电视台邀请中国台湾歌手、主持人凌峰先生参加春节联欢晚会。当时，很多观众对他还不是很熟悉，他便在开场时说道：

"在下凌峰，虽然曾获得过第二十届台湾电视金钟奖'最佳男歌手'，但我其实是以长得难看而出名。一般来讲，女性观众对我的印象不是很好，她们都说我是人比黄花瘦，脸比煤炭黑。"几句妙语，逗得观众忍俊不禁，一下子就记住了这位坦诚幽默的艺人。不久之后，当凌峰先生在"金话筒之夜"文艺晚会的舞台上再次出现时，他微笑着对观众说："很高兴又见到了你们，很不幸又见到了我。"台下气氛顿时空前活跃。从此以后，凌峰的名字传遍祖国大江南北。

自嘲的目的，是用戏谑的、自我解嘲的语言巧妙地介绍自己，使听众觉得你真诚、有趣、平易近人，在无形中拉近你与听众之间的距离。但是，下嘴可不要太狠，不能把自己的形象损得太厉害，否则会适得其反。

四、如何做一个好的开场

开场最重要的是营造氛围、振奋士气，而营造氛围的核心有以下几点：

1. 高声讲话大声问好

语言和文字是人类最基本的两大交流媒介，而声音是语言表达的基础。闻声即可识人，声音是人类裸露的灵魂，通过一个人的声音就能大致判断此人的素养和心态。

我平时在给学员做辅导的时候，我会先听他的声音，再后来，我只要听一个人声音的状态，就知道他现在遇到什么事情，因为一个人的声音就是他的灵魂。所以，如果你想让自己的讲话影响别人，平平淡淡的声音是没有办法做到的。

适当的声音能增强讲话者的可信度，加强表达的效果，并且能调动现场的氛围。

开场的声音要高于正常的声音。高声地问好，热情地讲话，都可以在一定程度上树立演讲者的信心，快速带动现场氛围，尤其是在大型场合中。

我们观看春节联欢晚会，主持人在开场都会高声问好："尊敬的各位来宾，各位朋友们，大家晚上好！"

我们可以做一个实验，用不同的音量讲同一句话，低声和高声会呈现出完全不同的状态。高声讲话能提升你的能量状态，使你散发出自信，同时也能使你的这种自信感染到现场的听众。所以高声问好在演讲的开场中非常重要，它将直接影响演讲的整体效果。

我们练习声音的第一步，就是要大声。大声到底有多大呢？大到你自己不能再大为止，大到你觉得到了你的极限为止。我们很少有人去挑战自己的极限，当你紧张的时候，你的声音一定是绷着的状态，这个时候只需要让你的声音更大一点，整个状态就会开了，它就会影响你的行为。

我记得很早以前，我们曾经做了一个关于声音的训练。有一个学员从广州飞到北京来上课。上完这节课，他就做了一件事情，从北京骑自行车到广州，这是他一直以来的梦想。他当时说了一段让我感受非常深刻的话。他说："丹青老师，经过这个练习以后，我发现我的人生有无限的可能，以前所有的紧张全部都消除了。"人其实是被自己局限住了。我们的辅导老师曾经也是我们的学员，他来上这节课的时候，声音一直打不开，然后我一直帮他做训练，让他大声地去讲话。他不知道我为什么要让他这么做。我说："我不是让你每一次讲话都很大声，我是要让你知道你的极限在哪里，当你突破了你的极限以后，你在生活中也不会束手束脚了。"

你可以找一个比较空旷的地方，用你今生最大的声音去讲一段你自己特别喜欢的一句话，你会发现你的紧张感瞬间消除。每次上完这个课程，好多以前讲话很紧张的人，都觉得现在一点也不紧张了，因为声音放开了以后，整个状态就打开了。所以大家可以记住一句话，当你紧张的时候，要求自己大声一点，当你大声以后，你会发现自己的状态就很兴奋，别人自然感觉不到你的紧张，因为紧张给别人的感觉很拘谨。

很多人在演讲过程中出现声音痉挛颤抖、飘忽不定、含糊不清、朗诵腔调等问题，这会使演讲效果大打折扣，甚至以失败告终。所以，我们一定要加强练习，掌握声音的技巧。

这里顺便讲一下演讲时的声音技巧。

在演讲时，我们要想达到抑扬顿挫的效果，就必须掌握轻读重读的技巧，有的话需要举重若轻，有的话需要强调突出。同样的一句话，当重读的词语不同，强调的内容也就不同。

一般情况下，我们与人对话，一分钟大概能讲 120 ~ 150 个字，

讲话的速度不能太快，快了会影响听者的感受，还会使听者误以为你紧张或怯场；讲话太慢了又会让人觉得你反应迟钝，表达能力有限。就算是在正常的语速范围内说话，也不能前后完全一致，必须有语速上的变化。

在演讲的时候选择适当的语速，还要配合适合的内容、环境、语言和修辞。当我们准备叙述事情急剧变化的时候，语速就要加快，以配合内容。记住，在表示愤怒讯问、热烈辩论，表现人物性格活泼热情，展现欢快场面的时候，使用快速的语速是很有效的。平时说话，作一般性的说明和叙述的时候，感情变化不会有太大的起伏，这时候就采用一般语速，即每分钟说 120 ~ 150 字即可。当然，在庄重肃穆的场合表达一些沮丧哀痛的心情时，则应该适当地降低自己的语速。

我们在演讲的时候，字音要清晰，要让对方听得明白，这就要求我们必须加强语音的训练。

人们常说"声乃气之源"，发音的基础之一是控制呼吸。人的气

息是可以通过训练控制的，与人交谈时，吐字发音要清晰准确，要用普通话，要尽可能地采用丹田式呼吸，也就是呼吸的时候要使用横隔膜的收缩和放松，这样产生的气流比较足，能够给我们的发音提供足够的动力。

2. 高调交代主题和身份

无论在什么样的场合讲话，都要学会高调交代主题和身份。

演讲中，主题是引导听众思维的路标。比如你今天的演讲主题是"2022 年的行业趋势"，那你的内容中就要整合过往数据以及它的意义、价值和行业背景，将其整体阐述出来。

演讲中，有时候现场会特别邀请一些重要的嘉宾或者重要人物，那么我们就要高调地介绍这些有着特殊身份的人。一方面是托场，另一方面也是为了使听众更加重视这场演说。

很多人讲话的时候想到什么说什么，毫无重点，导致整场讲话主题不明。这样的演讲很难让人记住，更无法真正打动人心。

3. 运用目光语征服观众

一般的演讲者只是用嘴巴把想说的话说出来，而作为一个演说家，则要熟练地运用全身的器官。嘴巴是主要的门户，但是请时刻牢记——眼睛是心灵的窗户，在适当的时候给观众一道坚定的目光，会起到润物无声的效果，甚至可以"无声胜有声"。

眼神又称为目光语，代表眼睛的神态。对于演讲者而言，眼神不仅是信息的传递、情感的外露，更是个人风采的展现。在演讲的 90% 的时间里，演讲者的眼神都应该放在听众身上，如果演讲者善于使用目光语，他的脸部表情就会显得更加生动，这样不仅可以增强他的自信和气场，还能使他更容易与观众交流。

美国前总统里根就是一个善于使用目光语的人。演员出身的里根拥有高超的表演技能，这使得他在每次演讲的时候都能把目光语运用得恰到好处。他的目光有时候就像聚光灯，聚焦到全场的某一个点；有时候则像探照灯，扫遍全场。人们把他的目光语形容为一台"征服一切的戏"。

一个演讲者若能练就目光语的运用技巧，他的演讲就会更具征服力。正如印度诗人泰戈尔所说："一旦学会了眼睛的语言，表情的变换将是无穷无尽的。"

然而，目光语的含义丰富多彩，我们必须把它研究透彻，才能更好地掌握并运用它。比如，眼睛正视前方代表严肃、庄重、平和；眼睛斜视代表轻蔑、心不在焉；眼睛仰视代表思索、傲慢；眼睛俯视代表害羞、自卑、含蓄、忧伤、悔恨；眼睛环视代表神情慌张、心绪不宁；眼睛逼视表示命令；眼睛瞪视表示敌意等。

那么，演说中应该如何运用目光语呢？

第一，坚定的目光。讲话一定要坚定，尤其是一个领导者，如果领导者的目光无法坚定，他就无法影响听众。什么叫坚定？看到一个地方，看到一个人，要定下来，不要游离，不要躲闪。要定到3秒钟以上才可以。

第二，左右的目光。这里所说的左右的目光，指的不是飘忽不定的目光，而是要让目光时常向左右两边扫描，因为在大部分的时间里我们的目光是看向前方的，这就使很多人讲话只看一个方向。现场如果有成百上千人，只盯着一个方向而不看其他的方向，会显得气场很弱。目光要学会左右看，这样才能照顾全场。尤其在开场讲话的时候要先学会左右看，这样镇定一下，显得比较稳重。

回到演讲开场上。如果演讲现场的舞台很大，在开场讲话的时候，目光不要只看第一排。一定要往高看，一般是看向整个现场2/3的位置，这样会显得演讲者比较自信和坚定。在目光投射的过程中，视线不需要平均分配，但是视线范围必须顾全每一个角落。

五、陌生场合的开场六步法

以上就是我们的开场思维，最后，我将列举关于陌生场合的开场六步法，以供大家参考。

问好：尊敬的各位来宾，各位朋友们，大家早上好／大家好

欢迎：欢迎大家来参加……（作为主人）；很荣幸来到……（作为被邀请者）

介绍：我是谁，我为什么要演讲

点人：点重要的人，与自己的演讲主题相关的人

主题：我分享的主题是什么

背景：讲意义，我为什么要作这个主题分享

一位学员曾经对我说："以前一直不知道为什么，我讲话时候的状态总是不稳定。学习完演讲以后我才恍然大悟，过去的我一直靠感觉讲话，并没有用专业系统的方式来呈现。通过凯来的学习，我掌握了系统的思维，变得敢于在任何场合登台演讲，并驾轻就熟地完成它。"

这正是我喜闻乐见的，更是我们帮助大家学习演讲的意义。

第5堂

框架思维

如何做一场精彩的演讲？

》

演讲在本质上是观点和思想的传递，思想才是演讲的灵魂。

演讲就像练功，门派不一样，招式也不一样，有人用降龙十八掌，有人用狮吼功。

演讲在本质上是观点和思想的传递，思想才是演讲的灵魂。很多人演讲之所以失败，是因为他的演讲是没有灵魂的演讲，不过是简单机械地播放一张张列满数据和信息的幻灯片而已。他并不清楚演讲的真正目的，因此也无法带给听众直击心灵的东西。

凯来赵鹤之老师曾说，演说的背后是经营，经营的背后是思维。思维方式是演讲的道，是内功心法。有深厚的内功，懂得大道至简，才能将各种招式融会贯通，成为一个武学大家。

那么，如何才能作一场精彩的演讲呢？我把一场演讲分为缘起框架、缘由框架、缘何框架和缘定框架，这是演讲的四大要素，只要在这四个要素上下功夫，使之饱满有肉，你的这场演讲绝对差不了。

一、缘起框架

缘起就是演讲的起因，它能明确你想带给听众的目标和价值。我们作任何一场演讲，都要首先知道这场演讲的缘起是什么，为什么要演讲？

普通演讲者与演讲高手最大的区别是什么？普通演讲者往往局限在习惯里，面对生活中的种种变化，仍然喜欢用过去的思维方式来看待。然而，思维模式的不同，决定了对演讲内容的不同设置和不同呈现方式，最终的结果也不同。要想作一场精彩的演讲，就一定要突破思维定式，因为当我们想要改变一个结果的时候，首先要改变达成这个结果的行为，即从改变思维入手。

1. 时间缘起

演讲时，用时间开场的一个最重要的好处在于，能够引发听众的思考，让他们立刻对你的演讲产生浓厚的兴趣。

比如，每到年末，也就是一年的最后一个月，我在演讲时都会先和大家进行倒计时，以数字的方式。

"今年只剩最后 28 天了，这一年，你对自己还满意吗？今年，你还有哪些尚未达成的目标？如果让你用一个词来形容今年，你觉得是什么呢？"

由数字开场，接着向听众连连发问，给听众造成一种环环相扣的紧张感，使之不由自主地被你吸引。

这里顺便说一下，在演讲中巧用数字可以增强说服力。比如下面这篇演讲：

"是啊！谁也不能否认，大国不等于强国，我国的综合国力还不强，我国的装备还比较落后，我国的科学技术还不先进，最可悲的是，'人均'二字长期制约着我国的国民经济。根据专家们预测，我国土地资源的最大人口承载量为 9.5 亿，但全中国现有 14 亿人口，14 亿张嘴并在一起，差不多就有 3 平方千米；一年喝掉的酒能装满 1.5 个杭州西湖；一天抽掉的烟拼在一起，相当于我国版图东西宽度的 3 倍；一天吃掉的粮食能装 7 万辆大卡车。"

演讲者仅用 4 个数字，便将 14 亿人口的消耗描述得明明白白，听起来确凿充分，富启发性，给听众留下了深刻的印象。

再说时间的缘起，我们可以从很多方面去讲，比如你的企业发展至今有多少年，比如你步入社会有多少年，比如你为人父母有多少年，等等。针对某一数字来回顾之前的经历，再适时回到本次演讲想要分享给大家的主题和内容，转承自然，水到渠成。

比如，我在"余生的时长"中是这样开场的："我不知道大家有没有测算过今生还有多长时间，其实我做过一个调查，如果我余生还有50年，用50乘以360，就还剩18250天，可能有些人都不到18250天，有的人可能是18250多天。有没有想过，在剩余的18250多天里怎么度过？今天的这个新模式的升级，我花了3天时间，我是用我余生1/6000的时间来跟大家讲这堂课，所以我希望每一个人都可以互相珍惜。"

用数字开场，尤其是对比性数字，能够使听众立即被你的讲话吸引，并快速进入你的演讲中。

我们凯来团队"重走长征路"结束之后，在延安酒店的一个会场举行了一场总结会。会上，我以"10年重新再出发"为主题，热泪盈眶地讲述了过去10年的历程和感悟，引起了大家满满的回忆。有时候，时间可以快速拉近你与现场听众的距离感，使他们从他们的世界进入到演讲的世界。

2. 重要缘起

演讲是向他人传递你的思想和增加你的影响力的最佳途径。在演讲过程中，要把演讲的重要性传播给听众。在讲到关键性内容时要善于引用，多说重要性。

古今中外的演说高手中，不乏政界领袖、企业领袖等各界名人。中国近代女革命家秋瑾对演说的观点是：要想改变人的思想和观念，非演讲不可。而《周易·系辞上》中则说："鼓天下之动者，存乎辞。"也就是说，推动社会进步和国家前进的力量都要靠演说来实现。这些无不说明了演说的重要性。

其实，拥有良好口才不仅在古代极其重要，就是在科技日益发展的现代，我们依然不能忽视说话的能力和演讲的技巧。

因为这是其他人认识、了解我们的一面镜子。

历史和现实已经证明，很多时候，说比写更加有用。韩非子著书立说，才华横溢，但是活着的时候却没有张仪、苏秦等人那样显赫一时，究其原因，就是因为他没有办法滔滔不绝地表达自己的观点。所以说真正有才华的人，不但要会"做"，更要会"说"，只有具备良好的表达能力，才能让自己的思想更容易为人所熟知。

于是有人可能会说，只有那些名人、领导者或企业家才会用到演讲，演讲离我们普通人很遥远。其实演讲离我们很近，一个人平均每天要讲 7000 个字。只不过，这 7000 个字你讲给了多少人听，讲得是否有价值呢？

我们日常的沟通无处不在，不管是工作中与同事、领导以及客户的交流，还是生活中与家人、朋友、陌生人的交流，只要有人的地方就有沟通，而演讲又是沟通的天花板，所以演讲对提升我们的沟通能力是有所助益的。罗振宇就曾经说过："不知道干什么就去学习，不知道学什么就去学演讲。""当下这个社会，学会演讲的人会得到更多的资源、更多的机会"。

如果只学一个技能就能带来一系列的改变，那这个技能就是演讲。正如巴菲特所说："学会公共演说，是一项可以持续使用五六十年的资产。"你知道吗？我们很多人会以为房子、车子才是你的资产，其实你的演讲能力也是你的资产。

我在凯来智慧已经专注演说十几年，讲过上千场线下课，也培训出了很多优秀的主持人。可是谁也不知道，曾经的我也是一个特别害怕当众讲话，讲话的时候特别容易紧张的人，我也是从口才零基础开始慢慢走过来，才有了今天的成就。我相信，我能做到的，你们一定也可以。

总之，通过重要性缘起，你的讲话开场会快速地让观众融入。通过重要性缘起不仅提供了很多信息，而且还调动了听众的兴趣和情感。

3. 主题缘起

一场演讲，你究竟想表达什么？与你的听众有什么关系？你能帮他们解决什么问题？这是演说一切内容的出发点。来听你演讲的人，只关心一个问题：你讲的这些和我有什么关系？如果你忽略了这个问题，听众就会忽略你。

在演讲中，演讲者如果直截了当地切入主题，就可以使听众的情绪拉紧，把注意力集中到演讲上。

至于演讲带给听众的好处，当然是根据演讲性质的不同而定，不过我们可以把它大致概括为四个方面。一是使听众学到知识。演讲作为一种比较高级的语言表达形式，它始终是传播科学知识、提高文化素养的一个重要途径。这就要求演讲者不但要具备专业的演讲能力，还要具有丰富的文化储备。二是使听众获得真理。演讲不仅给听众带来知识，还教听众明辨是非，指导其行为，也可以称得上是一种良好的教育形式。三是激励行为。演讲的目的不光是传递知识和真理，还要能促进行动。孙中山先生通过他的无数次爱国演讲，促使大批民众也投入到民主革命中。四是提升美感。演讲是语言与体态的完美结合，它和其他舞台艺术一样，也能带给人美的享受。

这就是我们演讲的第一个框架。不管你是作一场 20 分钟的演讲还是两个小时的直播，从缘起开始，你的听众一定要能被你深深地吸引住，这才是一个好的开场。

二、缘由框架

生活中演讲的目的有很多，有的人希望通过自己的演讲讲明白一个道理；有的人希望通过自己的演讲激励他人，积极行动。我们在准备演讲之前，首先问自己一个最重要的问题：我为什么演讲？为什么让我来演讲？

大家请记住，一定要把听众放在优先位置考虑。你可以在演讲一开始就告诉人们，你的演讲为什么重要，然后再用各种数据和事实来论证其重要的理由。

1. 主题缘由

首先，你要给自己的演讲赋予一个鲜明的主题，没有主题的演讲就没有灵魂。主题不仅可以升华你的内容，还可以使人印象深刻。

罗振宇跨年演讲的主题"时间的朋友"，张一鸣9周年演讲主题"平常心做非常事"，小米10周年雷军演讲主题"一往无前"，任正非演讲主题"华为的冬天"……凯来的学员也曾经在团队里分享过一场反响热烈的演讲，主题为"从春秋战国看企业发展"……无论你的演讲已经过去多久，也无论你的演讲时长是长还是短，到最后，听众也许只记得一个响亮的名字，那便是你的主题。

2. 身份缘由

我曾经问过凯来智慧团队的每一位老师，你为什么留在凯来？有人说是因为凯来的文化，有人说是因为赵鹤之老师，也有很多人说是因为凯来能给自己更多的机会去成长……

任何一场演讲，演讲者都应该让听众知悉，是谁在演讲，都有些什么人参加演讲。比如，向听众介绍今天现场重要的人及其重要的身份，并告知由你来分享这次内容的缘由。

此外，我们演讲的主题身份也是一样，你要分享的内容由来是什么，这些都是演讲者应该好好思考的。

三、缘何框架

2020年7月，王志纲在珠海发表了一篇主题为"我看中国百年大变局"的演讲，其核心思想是"大变局"。这篇演讲的缘何框架就是变局、对局和破局。首先，王志纲以千年变局为切入点，以李鸿章《临终诗》中"三百年来伤国步，八千里外吊民残"为开场，历陈中国的百年复兴之路，道出中国道路的制度优势；并由此引出"对局"，即随着中国之崛起，中美大国博弈愈演愈烈；最后联系当下新冠疫情肆虐，全世界充满不确定因素，发出"我们究竟该如何破局"的叩问？演讲从大角度剖析，又兼顾细微之处，最终落到每一个企业家身上，可谓一篇非常完美大气的经典之作。

因此，所谓缘何，就是你想通过你的演讲让听众收获什么样的价值。

四、缘定框架

演讲的缘定就相当于一篇作文的结语，无论你的开场和中场如何精彩，如果没有一个好的缘定，也不能算是优秀之作。

我们不是为了演讲而演讲，不能讲着讲着就离题万里，收不回来了。演讲完后我们必须收回来，这就是缘定，它是你思维的总结，是核心的重现和强调，是主旨的升华。有时候，我们可以用一句金句作为收尾，比如"你若盛开，蝴蝶自来"。

人们如何记住一件事情，与他们如何经历一件事情是完全不同的。对于记忆而言，最后的体验非常重要。我们要学会在结束时给我们的讲话作一个升华，也就是总结定论，以提高讲话的维度。

一场好的演讲是"利他"的演讲，这就是我们给予如何作一场精彩的演讲的定义。好的演讲是给予者，是给予你的听众一份礼物，而不是向听众索取掌声和认同。所以，你要在每一次演讲结束以后，赋予它一个缘定，比如缘定你的企业价值观。

我们凯来智慧做演讲，就是长期坚持用心地帮助需要提升演讲口才的人，提升他们的讲话水平，使他们的人生变得更美好。这种长期主义就是我们的企业价值观。

赵鹤之老师曾说："能追无尽景，始见不凡人。"希望每一位加入凯来的人，不仅演说经验能够得到提升，更重要的是在体验当下生命的过程中，能够感知到一切美好的事物，最终成为那个不凡的人。

当你学会善用缘起、缘由、缘何、缘定这几种方法，并用整体系统性的方式去思考，然后用心地演讲，就一定可以作一场精彩绝伦的演讲。

请不要忘记，在这个互联网新时代，演讲真的是一项非常重要的能力。

五、演说的万能模式

最后，我要跟大家分享一个框架，这个框架叫作演讲的万能框架。它不管是对于演讲还是沟通，都非常重要。

1.问

不管是陌生人相遇，还是老朋友相见，我们首先都要问好，也就是寒暄两句。我们在前文讲了演讲的 10 大心法，其中的第一大心法就是"没有理由的热情"。我的一个学员告诉我，他之前去见一个很重要的客户，然后就用上了刚学会的"没有理由的热情"，结果两个人一见如故，相谈甚欢，满意而归。他说："我刚学了凯来智慧老师讲的 10 大心法，这次只用了其中一个，没想到就这么厉害。"

所以大家可以看到，问好在沟通中是非常重要的。不要觉得这只是一句客套话，很多时候我们听得多了，也会觉得好像不需要，但它确确实实是非常重要的。在你问好的时候，你可以快速地吸引听众的注意力，使他把注意力转移到你的身上。

在见到朋友的时候，你要热情地问好，而且是无理由的热情。如果是参加活动、会议，你首先就要问好，比如说，尊敬的各位来宾，亲爱的朋友们，大家早上好。大家才愿意听你讲接下来的内容。这也是我们的春节联欢晚会以及一些重要晚会或活动每一次都要隆重问好的原因。

所以，问好虽然很简单，但是切不可敷衍了事。

2. 感

如何让听众愿意听你的讲话，愿意接受你？去表达你的感恩和感谢。

曾经有一段时间，我每天晚上都会写感恩日记，这个习惯坚持了很久。虽然后来因为繁忙，没有坚持，但是每当我需要调整状态的时候，我会再来写感恩日记。当你每天写下让你感恩的事情，你会发现，这个世界上任何你可以拥有的、你可以触摸到的东西，都会让你心生欢喜。但是我们很多人觉得没有要感谢的事情，那是因为我们内心缺乏感恩。如果一个团队里面的人都不会感恩，都不表达感恩，这个团队就没有办法继续生存。

我们可以感恩平台，感恩企业，感恩家人，感谢帮助过我们的人，还要感谢生命中的贵人，比如我就特别感恩赵鹤之老师，他是我生命中的贵人。

感恩的时候，每次选 3 个最重要的去感谢就可以了。姚明在他的退役演讲上就感谢了 3 个人，一个是带他进入 NBA 的教练，一个是他的妻子，一个是他的女儿。

3. 连

第三步是与听众心连心。就是找听众的兴趣点、主题点、亮点等。

（1）连美好

最近新东方的直播间比较火，我个人也会经常看，我觉得董宇辉的语言里面就有很多美好的东西。虽然世人多觉苦，但是董宇辉说，痛苦其实是好的，因为痛苦的时候你才有力量，痛苦的时候你才想改变，才有目标，才想要去脱离现在的困境。他说焦虑也是好的，因为你有焦虑就证明你想要去改变现状和不满，证明你对未来充满期待。他的这种语言带来的美好，让听众能接纳并从中得到美好的力量：不要痛苦，不要焦虑，不要悲伤，遇到挫折的时候不要难过，因为它们证明你有崛起的愿望。

所以，"连美好"就是演说者要学会去表达事情美好的一面，虽然它也会有不美好的一面。把美好讲出来，不管是放在中间还是结尾，都能快速地吸引听众。

在"重走长征路"结束以后，我有一个特别美好的体验。可能大家都会觉得不可思议，这怎么可能是美好的体验呢，但是我真的觉得非常美好。我们在"长征"路上的时候，每天走的山路都是十八弯，一直绕啊绕。走了两个月以后，我就感觉全世界的路好像都是十八弯，就是已经习惯了走这样的路。但是，当我回到北京，再走宽阔笔直的大马路时，内心的那种愉悦和幸福的感觉，真的难以形容，我们每天都能行进在四通八达的高速路上，是一件多么美妙的事情啊。我那时就想，我要把它表达出来，我要把它变成美好的力量。

与听众心连心，就是把你看到的一种现象，变成一种美好的语言力量，传递给听众。

（2）连主题

每一个场合的演说都是有主题的，不管是演讲论坛、发布会，还是公司的月总结，都有它的主题。演说时，可以将现场共同的主题展开，因为这也是听众所关注的，不然他不会前来。

（3）连兴趣

比如，凯来的学员每天早上8点钟准时打卡，孜孜不倦地每天听课、学习、演讲，不是在听就是在学，不是在学就是在讲。为什么这么拼？因为我们渴望成长，渴望改变自己，渴望事业腾飞，渴望让自己的人生变得更好，这就是大家共同的兴趣点。

（4）兴奋连

"兴奋连"就是连现场发生的开心的事、引发大家好奇的事，包括一个特别的动作，一个特别的表情，以及现场的亮点。你可以把演讲中、演讲前或演讲后，整个现场发生的一些特别的事情当作你演说的内容，这样你会发现你的演讲永远不缺内容。

所以，我们要学会去捕捉。你讲的话，其实不一定在你的脑子里，它可能就在你的演讲现场。我们找素材的时候，往往喜欢从脑子里的种种过往中去找，其实只有发生在现场的事情，才是与听众最相关的事情。所以，学会随时观察现场，学会"现炒现卖"，这就是兴奋连。

4. 名

第四步是介绍你自己。

在一些陌生的场合，你需要介绍你自己。而在大家都比较熟悉的场合，这个"名"就不仅仅代表你的名字，它也代表你想说的话。

你可以先说今天你要说的是什么事情，然后解释。比如，你可以说，我今天要向大家分享到底什么是好的演说，好的演说的标准到底是什么。接着阐明好的演说的意义。讲完这三点，你还可以表达自己想说的话，比如爱好、梦想、感慨等，都可以说，这就是"名"。

5. 望

第五步是望，就是表达你的期望、愿望等，相当于总结陈词。望的方式不拘泥于一种，它包括总结式、号召式、幽默式、点题式、高潮式、抒情式这几种。

总结式就是总结归纳，它的特点是用简洁的语言，对演讲内容和思想观点作一个高度的概括，起到强化主题、画龙点睛的作用。

号召式是提出希望或发出号召，它的特点是用慷慨激昂、扣人心弦的语言来唤醒听众的理智和情感，激起听众心中的波澜，传递给听众一种蓬勃向上的力量。

幽默式是采用幽默诙谐的语言来结尾。这种方式不宜用在一些较为庄重的演讲场合。幽默式的演讲结语，可以给演讲增添趣味，给听众带来乐趣，留下美好的印象，有的甚至可以能发人深省。

点题式就是回扣＋题目，相当于点题。这种方式可以加深听众对本场演讲的印象，也给他们留下思考的空间。

高潮式就是把演讲内容的高潮部分安排在最后，给人一种扣人心弦的感觉。它不仅支撑听众坚持到最后，还能活跃全场气氛，掀起高潮。

抒情式是一种和缓的结束方式，或抒情，或感慨。它能安抚听众的情绪，也能带给演讲一种余味悠长的韵味，极富诗情画意。

六、演说金字塔

最后，我从上文的万能模式中总结出一个简化模式，也就是演说金字塔，以供参考。

一问：早上好，下午好，大家好（大声）。

正式的场合问好：

尊敬的各位来宾，先生们，女士们：大家早上好。

企业职场中问好：

亲爱的 ×× 公司的伙伴 / 同人们：大家早上好。

社交场合中问好：

亲爱的 / 来自五湖四海的小伙伴：大家早上好。

论坛发言中问好：

尊敬的 ×× 主席 ×× 平台，现场的嘉宾们：大家早上好。

年会庆典中问好：

亲爱的 ×× 公司的家人们：大家早上好。

问好切记把现场的人都要带上，记住不能漏掉。春节联欢晚会的问好，武警战士、公安民警、海外同胞等都会被提到。

二感：感谢父母、企业、关怀、缘分、主办方、重要的人、提供帮助的人、生命中的贵人等。

三连：找听众兴奋点、兴趣点、主题点、亮点等。

四名：名字

（1）说出来。比如：李华，桃李满天下的"李"，中华儿女的"华"。

（2）解释。中华儿女桃李满天下。

（3）说出意义。希望在座的中华儿女们都能拥有幸福美满，桃李满天下的人生。

名还包括：爱好、工作、梦想、事业、想法、成就、获奖等一切想说的话都是名。

五望：期望、愿望、希望（把大家凝聚在一起）。

最后说下期望，讲话收个尾，表达一下祝愿。比如期望和在座的各位一起度过，比如希望我们可以一起共同成长、共同进步……

只要你愿意去尝试，一定会产生非常好的效果。

第6堂

感恩思维

如何用语言链接更多财富能量？

俗话说："种什么因，得什么果。""种瓜得瓜，种豆得豆。"懂得感恩，是收获幸福的源泉。在演讲中，我们同样要学会用语言来表达感恩。

我每次都会在演讲开始前的半个小时，闭上眼睛用心感恩，感恩今天现场的环境，感恩今天现场的人，感恩今天现场的物，感恩空气、世界和宇宙。

一、感恩可以增加你的财富与美德

《圣经·马太福音》里说："凡有的，还要加给他，叫他有余；没有的，连他所有的也要夺去。"读了这句话，有人可能会说，这岂不是有失公允？富人变得更加富有，穷人将更加贫穷。其实，在这句数千年来被很多人误读的话语中，暗藏了一个谜底——感恩。

"心怀感恩之人将被赐予更多，变得富余。不存感恩的，连他所有的也要夺去。"那些无暇感恩的人，永远不可能获得最大的满足，就连他所获得的，也终将失去。而心怀感恩之人将被赐予更多，变得比以前更加富余。

朗达·拜恩在《魔力》中说："我尝试着每天都练习感恩，结果，我的生活获得全然的改变，感恩越强烈，收获的惊喜就越多，生活仿佛被施了魔法一般。"感恩意味着财富，抱怨意味着贫穷，这是我们一生的黄金法则。感恩如同磁铁一般，带有磁性，你的感恩之情越强烈，就会有越多的恩福被你吸引而来。

《魔力》这本书的开头有一段话，我至今印象深刻："就你所拥有的，你越感恩，你会拥有的就越来越多，他会连本带利地给予你，但是，你所缺失的、你所抱怨的，你会发现他离你越来越远。"你越感恩什么，你就会越拥有什么，其实就是一个吸引力法则。"种什么因，得什么果。""种瓜得瓜，种豆得豆。""你付出什么，就会收获什么"。

我们在华夏弟子班的时候，有一个地方是我们必须去的，赵鹤之老师把那个地方称为东方的圣城，就是我们中国的圣城——山东省曲阜市。去过曲阜的人应该都知道，在曲阜外面的城墙上，有四个大字——"万仞宫墙"。很多人可能不明白"万仞宫墙"到底是什么意思，它其实出自一个典故：

东周时期，有一个叫孙武叔的人，是当朝的一个大夫。有一天，孙武叔说："我觉得子贡比他的老师孔子还要厉害。"

大家可能有所不知，在孔子的众多弟子里面，子贡是最有钱的一个。子贡是商人，富可敌国。孔子周游列国的时候，他的车马就是子贡提供给他的，因为孔子自己没什么钱，他平时收学费都只收挂肉。正因为如此，当时很多人都觉得子贡比他的老师还要厉害。

后来，有一个叫子服景伯的人，就把孙武叔这段话告诉了子贡。子贡听了后，说道："譬之宫墙，赐之墙也及肩，窥见室家之好；夫子之墙数仞，不得其门而入，不见宗庙之美，百官之富。"意思是说：譬如这个宫墙，只有齐肩高，人们从墙外就可以看见里面的美好。而我的老师的智慧就像数人高的宫墙，如果你找不到门进去，你就不知道我的老师有多么厉害，多么智慧。但是真正能够找到这个门进去的人实在太少啊。

子贡为什么会说这段话，因为他对老师孔子心存敬畏之心。但凡是一个自傲自大的人，都不会说出这番话。如果子贡真的相信了他人对孔子的这段评价，很有可能就没有现在的"万仞宫墙"了。子贡用城墙之高来形容孔子有多厉害、有多智慧，这其实就是表达感恩的话。

一个人只有心存敬畏之心才能讲出这种感恩的话。

感恩如宇宙法则一样运作并支配着你的整个人生，正如同吸引力法则支配着宇宙间所有能量的运作一样。因为它们也是能量，无论你在思考什么，你的感受如何，你都会和内在的自我相互吸引。

在演说中，讲话技巧是表象，核心的源泉是内心散发出来的起心动念。只要我们怀着感恩之心面对生命的一切，就可以链接生命中更多的财富。

二、演讲中的 10 大感恩

在每一场演讲中，我们都要学会表达感恩。我们的感恩可以来自 10 个方面：感恩缘分，感恩父母，感恩平台，感恩关怀与关注，感恩主办方，感恩生命里重要的人，感恩帮助过你的人，感恩生命中的贵人，感恩自己，感恩万物。

1. 感恩缘分

每一个人当下发生的一系列事情，都不是平白无故发生的，都是因缘际会。有一句话叫作"前生 500 次的回眸才换得今生的一次擦肩而过"，今生今世与你擦肩而过的人有多少？当你每天走在大街上，那些与你擦肩而过的人，也许就是你前世对他回了 500 次头，才换得了今生的一面之缘的人。

所以，我们不要小看任何一个人，也不要轻视任何一份关系。能够与我们有所交集的人，都是莫大的缘分。如果没有缘分，我们可能不会见面。所以，我们要感谢缘分，感谢遇见。

2. 感恩父母

很多人想要积福报，我觉得最大的福报就是去感恩父母。

中国有句古话叫作："百善孝为先。"在各种美德中，孝顺父母排在第一位。中国自古就是孝传天下，每一个人来到这个世界上，一定要感恩父母。感恩父母给了我们生命，守护我们成长，为了我们操劳一生。

3. 感恩平台

任何一种服务都有平台，学习平台、购物平台、工作平台……因为有了这些平台，我们的生活、学习和工作才变得越来越便利，所以我们应该深深地感恩所遇到的一切平台。比如，感恩平台提供了舞台，感恩平台让我们学到了知识，感恩平台让我悟到了处世的真谛。

4. 感恩关怀与关注

第四感恩别人的关怀与关注。我们每个人或多或少都会被别人关怀与关注，想想那些曾经关心过你的人，去向他们表达你的感恩之情。

5. 感恩主办方

比如，我们一般参加的大型活动都会有主办方和协办方，我们要学会感恩主办方，比如感恩主办了这次活动（聚会／宴请），使我们相聚一堂，互相学习和交流。如果不知道说什么，就尽量简单化，去感恩活动的主人，感恩主办方的邀请。

6. 感恩生命里重要的人

我觉得，感恩最好能够使大家感同身受，所以最好点名感谢现场的人。如果现场坐着一个你人生中很重要的人，你不妨把感激之情表达出来，他一定会很感动。

我记得有一次和一位朋友去参加一个活动，我在台上表达了对这位朋友的感激之情，他晚上回家以后，还一直流泪。他说自己从来没有被人当众说那些感激的话，他真的非常感动，触动很深。因此，我觉得每一个人内心都需要被肯定、被赞美、被鼓励、被认可。当我们当众把这种感激之情讲出来，它的能量就会被放大很多倍。所以，如果你想解开你和某一个人之间的误会，你想让他知道他在你心目中的地位很重要，你就在公众场合去感恩他，他一定会非常感动，你们的误会也随之烟消雾散。

7. 感恩帮助过你的人

每个人终其一生，要受到很多人的帮助，这些帮助过我们的人，有熟悉的人也有陌生人。我们要真心诚意地感激他们，同时去帮助那些需要我们的人。

8. 感恩生命中的贵人

有句话说得好："人生最大的运气，是能遇到贵人。"人生最大的贵人，不是父母、爱人，也不是朋友，而是那些愿意无条件地对你好，愿意不计回报地帮你一把的人。

正如我，就特别感恩赵鹤之老师，我觉得他就是我人生中的贵人。我永远记得2010年刚来北京的时候，赵鹤之老师对我说的话："丹青，未来你的人生是不可限量的，不要活在过去。等你走出来的时候，你会发现明天的舞台将是非常大的。"当时我听到这句话的时候，我就觉得要改变自己，我不能恐惧明天的舞台。从那以后，我就拼命地努力，努力学习、成长和改变。

2016年，胡歌在金鹰节颁奖典礼上发表的一段获奖感言，令人感触极深：

首先，我感到非常意外，我没想到梅长苏和郡主（刘涛）会以这样的方式相会。说句心里话，我今天拿到这个奖，并不是因为我的演技有多么好，我觉得，是因为我很幸运。

我很幸运，我比很多人更早知道演员应该是什么样的。刚才郑佩佩老师也说了，我的第一部戏是和她合作的。在拍摄现场，在横店的深秋，天气非常凉了，她拍戏的时候没有助理，有一场戏她要躺在地上，当时剧组在布景、布光，她就一直在那里躺了将近半小时。那个记忆非常深刻，我知道了演员在现场应该是什么样的。

　　我很幸运，我比很多人更早地知道了什么样的演员才是真正的演员。我要感谢林依晨，感谢她在我们拍摄《射雕英雄传》时对我说过的两句话。第一句话：演戏是一个探索人性的过程。第二句话：她对我说，她是在用生命演戏。这两句话我会记住一辈子。

　　还有就是，我有很多机会看到生活中一个真正的演员是什么样的。我昨天非常有幸和李雪健老师同一班飞机来到长沙，李雪健老师德高望重，这么大的年龄，却只带了一个随行人员。我很惭愧，我带了3个，而且体型都非常壮硕。

　　所以，我觉得今天这个奖杯拿在我的手里，它并不代表我到了一个多高的高度，而是代表了我刚刚上路。这是一条创新之路，也是一条传承之路。艺术是需要创新的，但是追求艺术敬业的精神是需要传承的，谢谢大家。

　　胡歌整场讲话感谢了3个人，而且这3个人都在现场。他感恩每一个人都有具体的细节，并不是单纯地说一句感恩或感谢完事。他对3个人的感谢之语都情真意切，句句体现着为人的诚恳和谦虚之态，无形中使人对他心生敬意。这就使得，当我们想起胡歌这个人的时候，不仅仅说他是一个演技在线的流量明星，还会说他是一个德艺双馨的艺人。

9. 感恩自己

　　有时候，我们对自己也要不吝啬感恩，我们应该感谢努力的、优秀的自己。

　　感恩自己，从未忘记最初的梦想，即使生活不易，每天也能微笑面对。

　　感恩自己，勇敢地走上讲台，勇敢地说出自己的感恩。

　　感恩自己，心怀感恩，与爱同行。

在 2004 年第十五届台湾金曲奖颁奖典礼上，王菲获得了最佳华语女演唱人奖。正当她准备说感谢词之际，台下有人起哄道："多说一点儿！"王菲笑着说："我会唱歌，这个我知道。"台下的观众也都笑了起来。王菲接着说："所以对于金曲奖评委给我的肯定，我也给予充分的肯定。"台下的观众又大笑起来，王菲自己也忍不住笑了。这就是句句不提感谢，句句都是感谢，感谢自己使自己成为优秀的歌手。

10. 感恩万物

在生活中，我们还应该感谢太阳、感谢水源、感谢食物、感谢空气，因为缺了其中任何一种，我们就无法生存。

我们还要感谢树木、海洋、飞鸟、花朵、蓝天、雨雪、星星、月亮，感谢万物以及我们这个美丽的星球。

我们还要感谢身体里的各个感官。感谢使我看得见的眼睛、听得见的耳朵、品尝美味及与人沟通的嘴巴、闻到花香的鼻子、感受微风的皮肤、可以行走的双脚，以及使我几乎可以做任何事情的双手。

我们还要感谢神奇的免疫系统，感谢它使我保持健康或恢复健康；感谢我所有的器官完美地维持着身体的运转，使我拥有生命；感谢我智慧的大脑，这世界上没有任何电脑科技可以复制它。感谢我现在所拥有的一切，感谢身边的一切人事物，感谢我作出的每一个选择。

当然，为了常怀一颗感恩的心，我们每天早上醒来的第一件事，就是列出值得感恩的事情。并在心里默默地表达这种感激

在演说中，讲话技巧是表象，核心的源泉是内心散发出来的起心动念。只要我们怀着感恩之心面对生命的一切，就可以链接生命中更多的财富。

第 **7** 堂

即兴思维

如何做好一场即兴演讲？

>>

无论是演说还是事业的发展，不要担心此时的付出看不到回报，回报其实已经在默默扎根，等熬过了缓慢的 3 厘米储备期，就会有疯狂的成长。

大家应该都曾有过临时被点名的经历，那种突如其来的惶恐想必很难忘记。无论是谁，临时被点名讲话都会有些慌乱，即使是那些经验丰富的演讲高手，同样害怕即兴讲话，甚至也会心生恐惧。

为什么人人都害怕即兴讲话？所谓即兴，就是事先毫无准备，所以它是未知的，而未知是人类最古老、最强烈的恐惧。

很多人一面对即兴讲话，就会莫名地过度反应，心跳加速、面色发红、手脚颤抖、说话口吃……整个人失去了往日的风采，以至于讲话过程中状况百出，不尽如人意。

一、即兴演讲时没有话说的原因

一般情况下，人们在即兴演讲中会遇到紧张慌乱、越说越着急、头脑发热、思路极度混乱等问题，而造成这些问题的主要原因是没有话说。为什么没有话说呢？主要有三个原因。

1. 习惯背演讲稿

很多人突然被叫起来讲话，感觉没有话说。没有话说的第一个原因是你平时习惯背稿子。背稿子是锻炼不好口才的，你这一次讲好了，下一次还是讲不好，你今天这个场合有秘书或者助理帮你写好文案，你可以念出来，但是遇到即兴演讲的时候，在毫无准备的情况下，你就什么也讲不出来。曾经有一个学员，他自认为口才很好，因为有人给他写好稿子。就有那么一次，助理不在身边，他突然间被叫上台讲话，结果可想而知，讲得是一塌糊涂。他当时就觉得非常尴尬，也很不服气，觉得像他这么厉害的人，怎么会就没有话说呢？其实，如果每次讲话都需要背内容，出现这种情况就很正常。所以凯来智慧从来不教大家背稿子，因为背稿子永远练不出你的口才，它只能使你的口才维持在这个平均水平，没有办法达到最好。

习惯成自然。如果你从一开始接触演讲就靠死记硬背，那是练不好口才的。因为背的过程是一个机械的过程，你就像一台复读机，是没有逻辑和思维的。如果你每次都靠背稿子，那你永远无法完成一场自主演说，因为你不具备任何的演说能力。如果遇到即兴演讲，更是难以应对。你看那些演说高手，有谁是通过背稿子练成的呢？

其实，对于演说来讲，每个人最开始的能力状态都差不多，但是那些目标明确，有着非凡毅力的人，往往能够通过不断地努力，不断地学习，不断地提升，最后成为佼佼者，成为舞台上最耀眼的那一个。他们把努力、学习和提升变成了一种习惯，然后悄悄地、慢慢地登上顶峰，将那些死守着不良习惯的人远远地抛在了身后。

说直白一点，好口才就是练出来的。培养一种好习惯，并坚持下去，没有学不好口才的。

习惯真的是一种可怕的力量，有时候，它甚至可以改变历史。我们所熟知的孟子，就是在良好习惯的坚持中成功的。

有一天，孟子逃学回家，孟母正好在机房织布，见他逃学回来，气得拿起剪刀把织好的一块布割断，教训道："你读书就像我织布，布要一线一线地连起来，一断就成不了布。你读书也要天天用功才会有成就，不然就像我割断布那样前功尽弃。"

孟子听了十分惭愧，马上回到学校发奋念书，后来终于成为我们熟知的儒家代表人物，被后人尊称为亚圣。

古代文人苦练书法，传说有人磨墨写字，日复一日，把贮在屋檐下的几缸水都磨干了；有人洗涮笔砚的墨汁，把一个池塘的水都洗黑了。他们的成功是偶然的吗？并不是。他们的成功靠的是自己的信念、自己的毅力、自己的努力和拼搏，而这一切都汇聚成了一种力量——周而复始、日复一日的习惯；起早贪黑、耐得住寂寞的习惯。

正是因为这样的习惯与坚持，造就了这个历史上伟大的书法家、艺术家。

你知道是什么改变了你的命运吗？

有研究表明，改变或者养成一个习惯只需要短短的 21 天，也就是说，3 周的时间就可以让我们接受一种新的生活方式，我们的潜意识会帮助我们形成和保持习惯，在这种情况下保持良好的习惯你定能收获属于自己的成功。

什么能改变命运呢？是习惯，是生活方式。你为什么能够改变，是因为现在的自己；你为什么没有改变，也是因为现在的自己；是什么阻止你改变命运，是今天依旧不想寻求改变的自己。

所以，如果你想学好演说，你想在舞台上挥洒自如，就请赶快戒掉背稿子的习惯吧。好习惯受益终生，坏习惯终生遗憾。

2.缺乏语感

也许你平时和人聊得都很好，但是突然被叫上台讲话的时候，总是不知道说什么，即使知道说什么，也不知道怎么说。这是因为你没有语感，而语感需要训练。

你看我们讲课都讲了十几年的时间，在任何场合下，不准备稿子是完全没有问题的，为什么？因为我们已经形成了自己的语感。而我们在学习的过程中最重要的就是要养成语感。如何去养成？训练，没有别的捷径可走。

3. 不会临时应变

我们专门有一节课，叫应变力。应变能力弱的人最害怕即兴演讲的场合，因为他往往也是没有话说。其实这种缺乏应变力的情况，就是平时积累得太少了。比如说，你原本想说一些能够让大家耳目一新，或者眼前一亮的话，但是心有余而力不足，站在台上脑子空空如也，哪有什么新意的词儿呢？这就需要你平时的积累，平时看到一些好的句子，好的文章，要把它理解消化后记在脑子里。你没有积累，大脑里也没有储藏过一些精句，怎么可能临场自如发挥呢？所以，如果想使自己有话说，平时的积累是非常重要的。

不过我想说的是，即兴演讲并没有我们想象中那么可怕，只不过因为它与常规演讲相比，少了一个准备的条件，它是由于"未知"而"看起来恐怖"。事实上，无论是公众演说、自我介绍、安排工作，还是答疑解惑、酒会致辞、会议主持，即兴演讲都更能体现出一个人的综合水平。

那么，如何才能自如地应对即兴讲话，短时间内将观点清晰地传达给听众呢？"临场构思"无疑是决定成败的关键。接下来，我们就谈一谈如何做好"临场构思"。

二、讲话前的准备——创造思考时间

1. 挡

当你突然被叫上台讲话，脑子瞬间变成一片空白，根本无法正常思考问题，这时候可以找人挡一下。

比如你正在参加一场会议，主持人突然叫你起来讲话，而你的思维一片混乱，这时候就需要找个人来挡一下，避免尴尬。

我们有一个学员，曾经分享了一个自己的故事。多年前，他捐给了一个地方政府60万元钱，那是1990年的60万元，可谓价值不菲。

当时捐完以后，人家就让他分享一下心得。他原本以为捐完款就完事，没想到还来这么一出。顿时大脑就一片空白，站在台上一两句话都没有说完就下去了。我想问大家，如果遇到这种场合，你应该怎么讲呢？你的第一选择就是挡。如果你不知道该说什么，你就找人挡一下。我之所以要做这次捐助，我要特别感谢×××，我们还是请他来上来给我们分享一下吧。这不就立马转移了话题吗？面对这种突如其来的情况，如果你没有准备好，你不能一上来就直接拒绝，那会让现场很尴尬。这时候找人来挡一下，就可以化解你的困境。

2. 抬

在即兴讲话的过程中，如果还没有想好怎么讲，你可以点名让台下的人来抬一下，现场一定有人可以帮你抬。

比如你可以说，在这方面，我觉得×××（确定在台下）比我更了解，或者，××比我更有资格给大家作这次分享。

我们每个人在讲话的时候，不要只想着我要说什么，而要学会从现场去找到话题，然后依势而说。

3. 引

当现场出现突发状况，或话题跑偏的时候，演讲者应该快速地作出反应，引导听众关注和聚焦某一个新的方向。

一位学员就曾向我咨询过类似的问题："丹青老师，我准备在团队中开一个会，主要了解一下大家的近况，以使团队更加凝聚。您有什么好的建议吗？"

我对他说："你的想法很好。不过，这样的谈心会如果开好了，可以增进团队成员之间的了解和信任；如果没开好，就成了一场灾难，会变成形式化，甚至变成成员之间的抱怨会。这样看来，最先发言的两个人非常重要，因为他们可以起到'定调'的作用。"

所以，我建议他一定要提前把最先发言的两个人选好，并在开会之前与他们进行适当的沟通，这样才能确保会议朝着预想的方向推进。

引，就是引导大家。

4. 托

即兴演讲中，往往会出现这么一个问题，就是演讲者下意识地沉浸于"我要讲什么内容"的思考中，而忽略了现场正在发生的事情。

这时候，我们就需要托起刚刚发生的事情，比如，我们可以说："刚刚发生的这一幕正好我也有些感悟，和大家简单分享一下。"或者说"刚刚听到×××说了……我也和各位分享一下我的看法……"

三、讲话心理建设——这是一次机会

即兴讲话最大的障碍不是听众，而是自己。人们之所以害怕即兴讲话，是因为担心自己讲不好而出糗，这是一种缺乏自信心的表现。

为了鼓励自己勇敢地走上讲台，我们可以做好自己的心理建设，告诉自己：去吧，这是一次机会。机会是抓住的，不是等来的，错过了这次机会，不知道何时再有机会。

所以，我们在面对即兴演讲的时候，第一不要去推辞。不要说我不行，我还没有准备好，或者我觉得怎么怎么样。第二不要退却，不要动不动就逃离。更重要的是第三个：不要奢望，不要奢望我要讲得多么精彩。其实在即兴演讲的时候，你只需要做到两个字——沉稳。沉稳其实不需要太精彩。很多人可能会追求要做得很精彩，其实不是，沉稳是你能顺利地完成这次讲话最重要的条件。

我们总是希望自己可以一鸣惊人，却不知道一鸣惊人的背后是积淀。没有人能随随便便成功，在获得巨大的成功之前，总有一些失败或成功的经历。所以，奉劝自己把握住每一次可以讲话的机会，昂首挺胸地走上讲台，全力以赴，大胆试错，为一鸣惊人积聚力量。

四、演说应变思维——临场自如发挥

即兴演讲有三难。

一难，难在突然。并不是每个人都是演讲高手，有的人本身平时的思维就很慢，也没有任何演说经验，你突然叫他起来讲话，对他来说真的非常困难，用"脑子里就像裹着一团糨糊"来形容也丝毫不为过。所以，"突然"往往成了惊吓，令人不知所措。

曾经有一位学员，做企业做了很多年。他刚到凯来学习的时候，我们发现，他在与人沟通的时候没有任何问题，可是一到当众讲话的场合，尤其是即兴演讲的时候，表现就不怎么好了。

后来，他向我分享了自己的经历：有一次，在朋友的婚礼上，他突然被邀请上台讲话。因为毫无准备，当时的他感觉有点懵，上台以后，平时能说会道的他，拿着酒杯对着现场 200 多人只说了一句话："大家吃好喝好啊！"这句话真的很尴尬，可以想象当时身在现场的他，心中又是怎样的五味杂陈。而那次临场讲话也成了他的心理阴影，自此以后他再也不敢当众讲话了。

二难，难在不知从何说起。都说万事开头难，不光是即兴演讲，就是一般的演讲，开场的几句话都是最难的。还有的人好不容易开了个头，铿锵有力地说了那么几句，就不知道接下来该说什么了，这就叫想到什么说什么。如果想不到呢？很抱歉，只好卡顿。

三难，难在没有逻辑。即兴演讲因为事先没有充足的时间进行构思，所以全靠临场发挥。但是即兴演讲很少有人不紧张，一紧张就容易产生逻辑混乱，这时候讲出来的话就是东一句西一句，不成系统，不知所云。

那么，究竟应该如何克服这三"难"呢？关键在于锻炼一个人演说的应变力。因为只有具备演说应变力的人，才能在即兴讲话的场合中自信自如地展示自我。

1. 起

起于现场、起于话题、起于前人。

即兴讲话的大忌就是在没有准备好的情况下草草开口，不仅泄露了你的慌乱，更会使你的讲话词不达意。因此，做一个万无一失的开场尤为重要。

开场如何才能做到万无一失呢？最稳妥的办法就是把现场具体的场景、主题或邀请你发言的人作为"媒介"来开场，同时也可以借机对自己要分享的话题做二次确认。比如："刚才主持人是想让我分享一下此时的心情感受，对吗？"

此时，你就给自己创造出了几秒钟的思考时间，同时也可以让听众感受到你对于这个场合的关注。

2. 特

以小见大，细节决定成败。

分享话题时，可以从小事情的细节出发，寻找它独一无二的特质进行分享。然后链接到听众们耳熟能详的案例上，以激发听众的共鸣。

演讲所表达的都是演讲者自己的见闻感受，面对同一件事情，每个人思考的切入点也不尽相同，所以每个人的即兴讲话都有其独特性。

3. 共

话题共情，升华核心找到切入点，在分享了我们看到的现象以后，下一步就是要对找到的现场听众的共同点进行分析，以期产生情感的共鸣。任何事物都是有共性的，找类似的道理、相似的经历来说一下就可以了。

4. 落

编筐织篓，重在收口。

一般来说，演讲的结尾要简短有力，发人深省，最简单的做法就是回到主题上。比如在工作会议中，"落"可以落地到你的建议、方法、举措上去。

此外，如果没有特别的说明，即兴讲话的场合不适合长篇大论，否则令人反感。点到为止方是一种智慧，让人产生一种回味、一种期待。

五、把握角色、现起现落、有共有特、起特共落

说了这么多，可能还是有人觉得即兴演讲有点难，毕竟每一次的突如其来都是"唯一"，每一次的临时起意都无法预演。其实，我们平时完全可以有针对性地做一些即兴演讲的训练，比如训练自己的思维敏捷性、研究出适合自己的即兴演讲的万能公式等，这样，我们就能轻松应对各种场合的即兴演讲了。

除此之外，我们还应该提高自己的"敏锐度"。比如在参加某一个场合的聚会时，不妨暗中问自己：如果现在邀请我上台讲话，我要说什么？我要怎么说？并且在心里不断地思考、准备，这样就没有所谓的即兴讲话了。

曾经有个会员，他是做大健康行业的，大概两年的时间，企业级GMV 做了 3 个亿，他被邀请参加论坛。参加之前，他就提前问我：如果我被请上去讲话，我该讲什么呢？这就是即将面对非常重要的场合的提前思考。我觉得对于每个人来说，都不存在任何的即兴演讲，只是你没有提前去思考而已。

我在北京有一个很好的朋友，我觉得她真的非常厉害，是个人际交往的高手。她每见一个重要的人，都会提前精心地准备礼物，准备适合对方的礼物，而且会打印出对方的照片，送上写有祝福语的卡片，然后请对方去很特别的地方吃饭，带给人满满的仪式感。她的这种做法，就是行为上的准备，其结果往往都是很好的。但是，光准备行为还不行，也要把语言上的东西准备好。你不能准备了很多东西，但是你没有说话，那别人也不会知道你的用心，因为你没有说，你就没有

办法让别人去感同身受。所以，你会发现这个世界上有很多人做了很多事，但是没有办法把它表达出来，所以别人对你的理解就少了很多。

提前准备的性质，和"竹子定律"差不多。竹子在前 4 年的时间里只长了 3 厘米，从第 5 年开始，它便以每天 30 厘米的速度疯狂地生长，仅仅用了 6 个星期，它就长到了 15 米。其实，在前面的 4 年中，竹子主要是发展自己的根部——它的根系在土壤里延伸了数百平方米。

无论是演说还是事业的发展，不要担心此时的付出看不到回报，回报已经在默默地扎根，等熬过了缓慢的"3 厘米"储备期，它就会疯狂地生长。

总结下来，其实根本没有即兴讲话，只有没有做准备的讲话。所有的即兴讲话都是可以提前做好准备的，这是一种思维模式的养成。

最后，我总结了 16 字箴言"把握角色、现起现落、有共有特、起特共落"分享给大家。如果你可以熟练掌握这条箴言，那么在任何情况下，面临任何突发挑战，你都可以做到临危不乱、自信自如。

六、祝酒词

生活中，即兴演讲的种类很多，比如回答突如其来的提问、酒桌上的祝酒词、临时客串主持人、作为家长代表发言等。在本节最后，我想单独讲一讲祝酒词，因为这是一种几乎人人都会遇上的即兴演讲，是人生必修的演说课。

家有家宴，国有国宴，公司有庆功宴、团队宴，就连考上大学也要摆一桌谢师宴。中国是礼仪之邦，以宴会待客是习惯也是文化。俗话说"无酒不成宴"，在这些情况下，祝酒词就显得尤为重要了。

对酒当歌，人生几何！

明月几时有？把酒问青天。

葡萄美酒夜光杯，欲饮琵琶马上催。

借问酒家何处有？牧童遥指杏花村。

白日放歌须纵酒，青春作伴好还乡。

莫笑农家腊酒浑，丰年留客足鸡豚。

……

祝酒词既是一种文化也是一种智慧。很多人参加一些场合，人在，心不在，无法融入集体。

我们常说活在当下，什么叫活在当下？简单地说，参加宴会的时候好好吃饭、增进感情、解决问题；工作的时候认认真真、努力进取、相互协作，这就是融入集体，也可称作活在当下。

其实融入不融入根本就是一个伪命题，如果是自己组织的聚会，不需要融入，因为你本身就是其中的一分子。然而很多人在聚会的时候会有很多尴尬，不能与来宾进行有效的沟通，更谈不上增进感情和解决问题，这是为什么呢？

是因为他们没有融入当前的环境。参加聚会首先要做到心里有人。去之前准备点小礼品，假如你来自外地，带点当地的小礼物过去，便会让人觉得你很用心了。

其次要做到眼里有菜。这里所说的眼里有菜并不是菜上来后一直盯着菜，而是要学会给人夹菜，学会照顾身边的人。

最后要做到心里有词，这里的词指的便是祝酒词。在桌上敬酒，一定要说祝酒词，这既是一种规则，也是一种涵养。

祝酒词要与自己的身份相匹配。如果是主人，你一定要说祝酒词，否则就白请；如果是客人，你也一定要说祝酒词，否则就算白吃。

敬酒不是说几句词，喝几杯酒就算完事，实际上敬酒也是有规则和礼仪的，总结一下，大致可分为以下几种情况：

第一种，私下敬个人。在聚会里，我们专门跑过去敬酒，话一定要稍微说复杂一点，不要别人刚刚站起来，你敬完就走了，人家站起来也不是，不站也不是。有些人说我心意到了就好，你心意到了也得说出来才行啊，你不说出来算什么心意。

私下敬个人时首先要讲缘由，我为什么要敬你。敬酒之前一定要想个特别的理由出来。比如：我一定要敬您一杯，上次在某个场合听到您说的一句话，给我的感触特别深，所以今天正好借着这个机会感谢您。这样说显得你心里一直有他。这就是为什么敬酒一定要说祝酒词的缘由。说了祝酒词，这杯酒就不是凑热闹去敬的，而是有心去敬的。其次要讲心意，您上次给了我的建议，让我受益良深，特别感谢您，所以先干为敬。最后还要讲态度。如果对方是领导、客户、朋友、家人，我们要用什么样的态度？私下敬领导可以随意点、亲切点。面对陌生人也是如此，他在人群之间敬酒自然，你也可以过去敬他。

第二种，当众敬个人。这个又分复杂敬和简单敬。复杂敬就是敬长辈、领导、客户等重要人物的时候一定要正式一点。有句话叫作复杂敬酒不能多，说的是敬酒词不能太长，试想，在公司的宴会上，你敬老总讲了3分钟敬酒词，敬副总又讲了3分钟，敬总监再讲3分钟，那别人都不用吃了，光听你说话了。所以复杂敬酒只能对重要的人去敬。另外需要注意的是，简单敬酒不能少，同一个宴会上，除了领导一定还有平级和下级，我们不能因为对方的级别和我们一样甚至不如我们就不去敬酒，这个时候就可以采用简单敬的方式。简单敬酒指的是祝酒词简单，而不是从态度上应付。比如敬自己的小团队，可以说："这段时间以来，大家工作都很辛苦，作为经理心存感激，我们一起干一杯，接下来一定和大家一起再创辉煌！"这样同时敬了多个成员，增加了团队的凝聚力。

第三种，当众敬大家。当众敬大家分为主人敬大家和客人敬大家两种情况。

谢——首先要感谢。感谢大家在百忙之中能来参加这次聚会。

心——用心连心模式找现场的兴奋点。今天来到现场的有很多老朋友，像×××，我们已经是十多年的老朋友了；还有×××，这些年给了我很多帮助……需要注意的是，提到谁的时候就应该看着对方，让全场的焦点集中在被提及人的身上。作为主人当众敬酒的时候如果一直在标榜自己，那会让来宾感到厌烦。

主人当众敬大家有个特点，就是一定要提到现场的人。如果宴会的主人是团体内的领导者，那一定要提及现场的每一个下属，这叫系统思维；如果宴会的主人是团体内的下属，那一定要提到现场的每一位领导，这叫情礼兼到。一般情况下，下属都不会忘了敬领导，可当领导的如果花钱请客户吃饭，同时邀了下属陪同，这种情况下当众敬酒时千万不要只顾着客户而忘记了下属，如果能够在客户面前称赞下属并给下属敬酒表示感谢，那一定会让下属感觉到领导对自己的器重，进而干劲十足。酒桌上，领导敬贤礼士，下属心情愉悦，客户自然能感受到团队的和谐，也会增加合作的筹码。

如果是家庭聚会，主人当众敬大家的时候也要照顾到每一个人。家宴中，相对于社会地位，更应该注重长幼有序，所以祝酒词中一定要把长辈放在前面，同辈和晚辈也要提一提，照顾到每个人。这样一个家族就可以团结起来，亲人们之间的感情也会越来越好。

愿——祝愿大家。祝愿的祝酒词一般在宴会结束之前表达。可以祝愿大家工作再创佳绩，也可以祝愿来宾生活幸福，总之要根据不同的场合说不同的祝愿的话。另外需要注意的是，祝酒词结尾千万不要说"谢谢"。因为这样人家光鼓掌不能喝酒了，所以应该以"干杯"结尾。

如果在某次聚会中，我们是以客人或者陪同人员的身份出席的。

这个时候需要注意的是敬酒之前要获得主人的授权。比如单位的庆功宴上，老总当众敬完了大家，副总又敬了大家，而你只是几个经理当中的一个，这时候如果想给大家敬一杯酒，则需要先取得老总的授权，可以这么说：××总，在今天这个高兴的场合，我也想当众敬大家一杯，您看如何？如果老总同意，你便可以端起酒杯站起来说你的祝酒词了。如果是朋友请客，朋友敬完大家之后你也想敬大家一杯，这个时候特别要注意的是你的祝酒词中一定要把请客的朋友放在前面，可以这样说，今天我特别开心，感谢你组织这次聚会，我也借着你的光跟大家说两句……这样的开头叫作取得授权，如果没有取得授权便夸夸而谈，那就越位了。

另外，宴会上的酒是为了烘托气氛，增进感情，而不是为了让大家都喝得酩酊大醉。在宴会上最受欢迎的人一定是该说的时候说一点，该喝的时候喝一点，时时刻刻都懂得照顾在场的每个人。宴会上，该拒绝的时候一定要拒绝，控制不了酒的人，注定成不了大事。

所谓祝酒词，"词"的第一层意思是说话；第二层意思是少一点，用一点点的酒，让人心里温暖。嘴决定内容，脑决定思维，心决定格局，我们所说的口才指的是"嘴"，更是"脑"和"心"。

祝酒词是一种文化，也是一种载体，事业上，是心意的载体；朋友中，是情义的载体；家庭里，是爱意的载体。

第8堂

关键思维
如何让讲话更有逻辑性？

》》

逻辑是语言表达的基础，一个人如果缺乏逻辑思维，他的表达能力就会被严重削弱，他就无法说清自己想说的话。

我曾在某公共平台发表了一篇题为"一上台发言逻辑就混乱怎么办"的作品，截至目前有 1126 万播放量，24 万点赞，4 万收藏。由此可见，讲话缺乏逻辑性是一个困扰了很多人的问题。

比如，你本来在给你的团队讲一个梨，但是你的团队却觉得你讲的是苹果，这种误差在我们平时的讲话中也是司空见惯的，这不是听者理解力有问题，而是说者没有说清楚。

为什么不能说清楚？因为缺乏逻辑性。为什么缺乏逻辑性？因为你没有演讲的框架。你想想，你连思维都没有打开，怎么会不混乱呢？当你欠缺讲话的逻辑力，你就抓不住重点，就没有关键性的思维，那么你的听众也不知道你想表达的重点到底是什么。逻辑是语言表达的基础，一个人如果缺乏逻辑思维，他的表达能力就会被严重削弱，就无法说清自己想说的话。

于是，问题就摆在了我们面前：如何才能使讲话更有逻辑性？首先，我们要做到逆向思维，也就是要站在听众的角度去思考，思考我们所准备的内容是否能让听众记住。

一、演说逻辑要具备逆向思维

逆向思维又称为求异思维，它是对司空见惯的似乎已成定论的事物或观点进行反向思考的一种思维方式。

当面对同一个问题时，大家都朝着一个固定的思维方向去思考，而你却朝着与之相反的方向去思考，这就是逆向思维。逆向思维者敢于"反其道而思之"，使思维向对立面的方向发展，从问题的相反面深入地进行探索，树立新思想，创立新形象，往往会得到意想不到的结果。

在演讲中，如何通过讲话给现场留下深刻印象？并使听众在听完之后的一段时间内，依然可以记忆犹新？这就需要逆向思维，即站在听众的角度思考，让听众能够听到与自己相关的内容。

举一个非常简单的例子。比如，家里有客人来访，你请客人吃西瓜。你是不是会把西瓜分成小块，甚至去掉瓜皮，装好盘，然后端出来给客人，而不会把整个西瓜递给客人吃？

然而，大多数人在讲话的时候，只管把内容一股脑儿地讲出来，就像把整个西瓜丢给听众，这对于听众来说是一种巨大的压力，他们永远不知道你讲的核心是什么。其中的问题就在于我们没有清楚地将内容进行有效划分。

要使讲话有逻辑，就要求我们有"分西瓜"的能力，能把自己的讲话分成一块一块的"西瓜"，既便于听众理解，又能加深听众的印象，这就是我们讲的逆向思维，也就是学会把你的讲话分层次。

二、演说逻辑要具备针尖思维

能做到分层次讲话，就有逻辑力了吗？还不够，还需要针尖思维。针尖思维是什么？

举个例子。我们用同样的力气以不同的方式去推一个人，如果用手掌去推，他不会感觉到任何疼痛；如果用手指去推，他可能会有一点点痛感；如果用一根针去推，他一定会感觉到刺痛，刻骨铭心的痛。

"针尖法则"为什么令人印象深刻？因为针尖的受力面积小，扎得深，扎得疼，让人忘不了。我们讲话的时候就应该像这样，要使讲话的要点和关键字像针一样扎在听众的心上。关键词越少越鲜明，就越有力度，也越能让人记得清晰牢固。如果别人记不住我们讲的话，那一定是因为我们的话说得太多，缺乏逻辑力，缺乏一个能让人一下子就记得住的要点。

我研究过曹德旺的许多次采访，在看了他的几十个视频后，我发现他总是提到企业家的四个自信：政治自信、文化自信、专业自信、能力自信。这 16 个字就是依照"针尖法则"的形式提炼出来的，而且其中有 8 个字重复，也就是说，你只需要记住另外那 8 个字，就可以记住他讲话的要点。

把你的要点用最少的字凝练出来，使别人印象深刻，这就是演说逻辑的针尖思维。具体来讲，就是每次演讲前先提炼主题，适当地总结核心，把要点凝练成 6 个字或者精简到 3 个字，甚至可以是两个字或者一个字，让听众一下子就能记住。如果演讲者只顾把自己想要表达的内容全盘托出而没有总结要点，缺乏关键思维，就很难与听众达到共情。

在中国一些历史悠久的传统文化中，能够流传几千年的耳熟能详的文化，都有一个核心的要点。

比如二十四节气，虽然距其订立（公元前 104 年）已有 2000 多年的历史，人们却沿用至今，甚至每个人都可以随口说上几个，春分、秋分、大雪、小雪、立春、立夏、立秋……都是两个字。

比如中国的传统节日，端午、中秋、重阳、除夕等，都是两个字；中国的大部分地名也是由两个字组成：北京、上海、深圳、安徽、四川、重庆……这些名称因为简单而容易使人记住，可谓"一字千金"。

凯来研发体系中有 36 个演讲模式，都是运用的"针尖法则"，比如心连心模式、满天星模式、金镶玉模式、声光画模式、参同契模式、紫金樽模式等。如果我们把"心连心"模式换成"如何让你的讲话受听众欢迎"模式，你会记住哪个？如果把"满天星"模式换成"如何让你的讲话内容更多"模式，你又会记住哪个？3个字和一句话，你自然会记住更加简洁的那一个。

最后再来强调一遍，何谓讲话的逻辑力？让人容易听进去、容易记得住的讲话，就是有逻辑力的讲话。真正的有逻辑，并非自己感觉有逻辑，而是让人记得住你的讲话。

三、演说逻辑六大关键思维

方法一：三字思维

如果让你谈谈未来10年的梦想，你会如何去讲？关于这个话题，曾经有一个学员在课上的讲话，给我留下了深刻的印象。

她说："我10年后的梦想是做到三个字：夫、子、游。夫，相夫教子；子，望子成龙；游，游历四方。"极度浓缩，几年后仍言犹在耳。

方法二：古文思维

古文思维就是用诗词、谚语来阐述演讲内容，既简单明了又能引起听众的兴趣，令人过目难忘。

对于方法一中的主题，我们也可以用古文思维来表达，比如表达为"修身齐家治国平天下"。这句话想必大家都很熟悉，接下来就让我们看看如何把它变成讲话的三个要点。

未来10年，我的梦想是做到三点：

一修身。不断地学习，不断地成长，不断地修炼自己，使自己变得越来越好，遇见更好的自己。

二齐家。我们每个人的学习、事业、成长，其实最终都是要回归家庭，让我们的家庭变得越来越好。

三平天下。希望未来我们的企业能够在整个行业中占据龙头地位。

方法三：颜色思维

佛家说六尘，即色、声、香、味、触、法。世间万物虽多，但归纳起来不外乎"六尘"而已。凡眼睛见到的都是色，耳朵听到的都是声音，鼻子闻到的都是气味，舌头尝到的酸甜苦辣咸都是口味，身体感觉到的冷暖、涩滑、痛痒都是感触，法是前五尘落谢的影子，是心意所想到的。

色有色识，色蕴。六识之中的"色识"，对应六根之一的眼所得出的内容，所以"色识"是我们眼睛所看到的事物的统称。

"色受想行识"中的"色"，指五蕴之中的色蕴，"色蕴"的内容相对于"色识"来说更加广泛，它包括所有主观与客观存在的物质与现象。"五蕴"之中的五个定义便是世间所有法的集合，而排在第一位的"色蕴"可以浅显地理解为"物质世界"。

演讲中可以引用不同的颜色来展开话题，比如谈论你自己或者曾经的你。

曾经有一位学员就用三种颜色来讲她自己。她说："过去的我是灰色的，因为演说水平处于一种灰色低迷的状态，所以总是对自己充满怀疑，不相信自己可以做到。现在的我是绿色的，因为来到凯来以后，我改变了心境，再加上不懈努力，在演说方面看到了自己的生机和希望。未来的我是金色的，我相信在凯来学习以后，我将绽放人生，收获金色的果实。"

三种颜色，既形象又鲜明，令听众难以忘记。

方法四：动物思维

阿里巴巴的用人策略是，把员工分为"明星、野狗、黄牛、白兔"四大类。

有才有德的员工叫"明星"。他们能力好，业绩好，对公司目标和价值观高度认同。

有才无德的员工叫"野狗"。这类员工个人能力强，但对于公司的目标和价值观的认同感"非常低"，建议公司少用，甚至不用。试想，当"野狗"成群，公司不就成"狗窝"了吗？群狗无首还"各自为战"，这样的团队能打得了大仗吗？

能力差一点，但勤勤恳恳、任劳任怨的员工叫"黄牛"，可以放心使用。

无才有德的员工叫"小白兔"，他们态度很好，可就是业绩上不来。当公司的大量核心岗位被"兔子霸占"，就会形成"兔子窝"文化，那样的团队还有战斗力吗？所以，小白兔类的员工也一定要慎用。

总而言之，用人要捧明星、灭野狗、清白兔、用黄牛。这样给人的印象就更加清晰明了。这也是典型的用动物思维来演讲。

我在课上讲到这个内容的时候，曾有个来自中粮集团的学员谈了谈他对行业的看法和认知，他的讲话让我记忆犹新。

他用了鸡、鸭、鹅三种动物进行演讲。

鸡：一唱雄鸡天下白，行业中的黑暗时刻已经过去，光明即将到来。

鸭：春江水暖鸭先知，提前洞察行业信息，做好战略规划。

鹅：鹅鹅鹅，曲项向天歌，一直向上追寻，向前奔跑，领先世界。

既简洁明了，又富有诗意，同时说出了对行业的看法，这样的讲话使人听了以后不觉赞叹不已，难以忘记。

所以，在凯来学习的不仅仅是演说技巧，更是道术结合。

方法五：图形思维

图形思维，就是在演说中利用图形，比如三角形、圆形、五角形等进行演讲。因为图形是很特别的东西，它可以被人们赋予很多意义。

几乎每一个宗教都会有自己的图形。

基督教的标志是十字架。我们看这个十字架，它的直线表示神与人之间的联合，横线表示人与人之间的团契。基督的十字架使人与神和好，在他的大爱中将全世界的信徒结连起来，消除一切仇恨。十字架上，基督两臂张开，象征着迎接人类投入他慈爱的怀抱，彼此交融合一，象征着爱与救赎。

佛教的标志是万字符"卍"，象征吉祥如意。从这个符号的形状来看，它是一层一层堆叠起来的，与云朵相似，因此佛教中称它为吉祥的喜旋或吉祥的海云。它所代表的意思是 32 种佛中的 80 种善。在玄奘和鸠摩罗神之后，这个万字符被翻译为"德"，意思是功德无量。万字符还经常被认为是太阳和火光的象征。

伊斯兰教的标志是新月，阿拉伯语意为"希拉勒"，原指上弦月，俗称月牙，天文学上称为"朔"，即月球运行通过太阳和地球之间时的月相。新月象征上升、新生、幸福、吉祥、初始光亮、新的时光，也象征伊斯兰教开创了人类文明的新时代。在伊斯兰教中，新月代表一种新生力量，从新月到圆月，标志着伊斯兰教摧枯拉朽、战胜黑暗、功行圆满。

不光是各个宗教有其特别的代表符号，集体、企业也都有属于自己的图形和符号。比如凯来的 LOGO 是一个太阳，它有三层含义。

第一层含义：太阳代表一种温暖。我们希望，从凯来出去的每一位学员不仅能做到侃侃而谈，更重要的是可以温暖身边的每一个人。

第二层含义：中间的光线比喻人像太阳一样闪闪发光。在来凯来之前，很多人的演说口才都是被包裹的，我们希望学员来到凯来以后，可以像太阳一样，把自己的小宇宙爆发出来。

第三层含义：太阳旁边的小光点代表我们每一个人都具备影响力，我们要把能量带给更多的人，通过改变一个人来影响一群人。

我们举一个学员用图形进行演讲的例子，题为"过去、现在和未来"。

过去是正方形：没有学口才之前，正方形般处理事情，比较方正。

现在是圆形：学了演讲口才，慢慢懂得照顾更多人的想法，像太极一样灵活地去处理身边的事情。

未来是无形：希望未来可以修炼出一种无形的状态，没有边界，包容万物。

方法六：万物思维

除了动物、图形，每一种植物也有其独特的代表意义。

比如，我们很多人在学习口才之前，就像含羞草一样，没有把自己更好的一面尽情地展现出来。学习了口才以后，就像爬山虎一样，依附于老师，慢慢地，一点一点地往上爬。到最后，就像向日葵一样，可以独自向阳而生。

其实，世界上的每一种物质都有它的代表含义，我们要学会借用世间万物，使自己的语言变得更加生动。

演说逻辑的六大关键思维，即三字思维、古文思维、颜色思维、动物思维、图形思维和万物思维。

赵鹤之老师曾说，我们所遇到的一切困难都是表象，不是根本。逻辑的根本只有一句话：我们的讲话究竟是为了彰显自己，还是真正站在听众的角度梳理内容？

想要解决演说带来的困惑，就需要我们有一颗智慧的内心和一个智慧的大脑。每次演讲时，总结演讲要点，凝练演讲核心精华，提炼成印象深刻的词语，加深听众印象。

要使我们的讲话提升到一个新的境界和高度，看似简单却又并不简单。而凯来对大家演说能力的提升为什么是与众不同的呢？因为我们拥有 20 多年的积累和沉淀，每一个模式都有 8 ~ 10 年的历史，并且都经过了无数学员的实战验证，真正可以使人的讲话达到令人难忘的效果。

生活无处不演讲。演讲对于普通人来说，是汇报一次工作、分享一个想法，是一次展现的机会。演讲对于企业来说，是增强企业影响力、展示企业实力的有效途径。对于 CEO，过去我们主要看他的工作能力，现在人们普遍期待他的个人演说的魅力。

学会使用关键性思维，你的演说就是一场魅力演说。

第 **9** 堂

故事思维
如何讲好一个有吸引力的故事？

》》

在这个时代，无论是在工作中，还是日常沟通中，学会讲故事都是非常重要的一项技能。

我们的讲话大致分为两种，一种是讲故事，一种是讲道理。

"道理我都懂，可是……"我们从小到大听了太多的道理，可是众所周知，长篇大论地讲道理已经无法打动你的心了。

在互联网时代，流行这么一句话：能讲好故事的人赢得一切。虽然有点调侃和夸张，但毋庸置疑的是，相比讲道理，讲故事对我们更具吸引力。因为讲故事的时候，听众会将自己置身于故事的情节之中，代入感极强，而且故事所传达的寓意都是听众能够直接会意的，而不是演讲者强加的。道理则刚好相反，讲道理相当于说教，而人们一般都不喜欢被说教。所以，要想更好地演讲，就要善于讲故事。

一、人们为什么喜欢听故事

故事之所以具有更强的吸引力，是因为喜欢听故事是人的天性。因为故事可以使演讲者的讲话充满画面感，可以传达其他语言无法传达的情感。

在保罗·扎克博士所做的一项研究中，他的团队监测到了催产素的释放。催产素是一种可以刺激爱的感觉的化学物质。扎克博士发现，当人们在一个适当的故事框架中构建信息的时候，能够唤起类似对家庭成员或宠物的爱意十足的回应。

扎克博士证实，当人们在经历一个戏剧性的故事时，大脑会分泌出催产素和皮质醇这两种神经化学物质。催产素是一种爱情荷尔蒙，它涉及情感、信任与联结；皮质醇又称为压力荷尔蒙，是人体内肾上腺皮质释放的一种糖皮质激素，可以使我们的注意力更加敏锐。

为此，扎克博士又做了一个实验，他发现，当人们看到一个充满父子亲情的故事时，大部分人会更乐于做出慈善捐赠。

扎克博士说："我们发现，要想激发人们帮助他人的愿望，故事必须能够长时间地吸引人们的注意力。注意力是大脑中的稀缺资源，在叙述故事的过程中可以通过发展紧张关系来维持它。如果故事能产生紧张感，那些认真观看或倾听的人就很有可能分享剧中人物的情感，并在故事结束以后，不自觉地模仿故事中角色的情感与行为。"

因此，故事可以使演讲者与听众建立起一种联系，并使听众产生认同感。把故事讲好，意味着能够更好地感染听众，更好地说服听众，更好地解决问题，从而创造更大的价值。在这个时代，无论是在工作中，还是在日常沟通中，学会讲故事都是一项非常重要的技能。

对于任何一位企业家或其他商务人士来说，如果懂得如何创作以及讲述目的明确的故事，就相当于掌握了一种高效沟通的利器。如果我们通过讲故事的方式与员工、客户进行沟通，对方会更愿意也更容易接纳你的想法。当你想传递企业文化及产品理念的时候，讲故事也是一个非常不错的方式。一个好的领导者，学会讲故事是最重要的能力之一。

二、你为什么不会讲故事

故事几乎是万能的。我们可以将它运用于各种场合的演讲中，并能将它随意设置在演讲的开场、中间或结尾。

美国政治家亚伯拉罕·林肯先生曾经说过："演讲就是讲故事，能通过故事来表达观点的演讲才是好演讲。"可是，有的人会说，我不会讲故事怎么办?

没有不会讲故事的人,只有故事讲得好与不好的人,因为我们平时陈述一件事情,汇报一项工作,与人进行沟通,都是在"讲故事"。所以,你只需要学习如何讲好故事。

首先,我们分析一下,造成故事讲不好的原因有哪些。

1. 没有故事

很多人说,我也很想讲故事,可是我没有故事可讲。

其实,没有人没有故事,因为故事来源于生活,即使是那些虚构的故事,也是从现实中来的。

神话学大师约瑟夫·坎贝尔历曾用数年时间收集了世界各地的神话与宗教故事,并把它编辑成了一本书。他在书中写道:"无论任何时代、任何文化、任何国家,所有神话故事的基本要素和基本逻辑都一模一样,故事情节也是一样。所以,从来就没有什么新故事,千百年来,人们一直在复述同一个故事。"

每个人生活在这个世界上,虽然都要经历童年、少年、青年、中年和老年,但是经历千人千样,每个人的故事都与众不同。关键在于,你要能够把平淡的事情生动地讲出来,把它变成故事。

我们常用的故事可以来自自己、身边的人、名人(如柳传志、俞敏洪、比尔·盖茨等)、伟人、寓言(比如,TCL 创始人李东生曾讲过"鹰的重生"的故事,华为管理故事系列:红舞鞋、扁鹊大哥、蛙鼠殒命)、创业、教育、名企(茅台摔酒瓶、海尔砸冰箱、奥康烧皮鞋)等。

2. 没有讲故事的技巧

好故事具有天然的吸引力,只是很多人讲不好故事而已。腹中有故事却讲不好,就等于没有故事。讲故事是需要一定技巧的,就像写文章一样,也需要"起承转合"。

首先，在讲故事之前，我们一定要熟练地掌握这个故事，并真正地理解它——从浅层次的情感感受到深层次的故事主旨。最重要的一点是，我们要能接受这个故事的主题思想，认同它所隐含的意义，这样才能把故事讲好。

其次，我们要熟悉故事的框架，并选择适合自己风格的语言。也就是说，我们一定要为自己量身打造这个故事，而不是根据千篇一律的模板来复述这个故事。总之，一定要为故事选择自己擅长的语言形式，或用第三人称讲述，或用第一人称讲述，或用问答的形式讲述，或用讽刺……

最后，在讲述故事的过程中，要善于运用声音和动作的技巧。一般的故事都有两个或两个以上的角色，我们要学会通过声音与动作来区分这些角色。好的故事演讲往往都是绘声绘色、形神毕肖的。

只要掌握了这几点，讲故事对我们来说就不再是难事。但是，要想故事讲得妙，还得有自己的"一套"。在我们的生活和工作中，有很多优秀人士都是讲故事的高手，一件看似平淡的事情，一经他们的讲述，往往变得扣人心弦，引人入胜。这是因为，他们在讲故事方面都有自己的"一招一式"。

3. 达不到预期

有的人说，我倒是会讲故事，可是我讲的故事没有人喜欢听。这就是故事效果不好。讲故事达不到预期，往往由很多种原因造成。

首先是故事的主题毫无新意，甚至是个老掉牙的故事，听者已经听过无数遍了，当然没有兴趣再听你讲了。其次是故事讲得太平淡，故事性太弱。一般的故事主要由时间、地点、人物（包括人格化的动物或物）、冲突、结局这五大要素组成，其中"冲突"可以决定你的故事是否动人。一个故事如果缺少冲突的情节，就不能称之为故事，而只能说是陈述事情。再次是故事与听众的身份不符。如果你对着领导或上级讲爱情故事，对着小孩讲创业故事，对着老人讲青春故事，他们会喜欢听吗？最后是故事太极端，比如太惊险，令人毛骨悚然；或太阴暗，令人怀疑人生；或太虚假，令人反感；等等，别人自然也不喜欢听。所以，讲故事之前，一定要考察听众的身份和喜好，要"量体裁衣"。

三、好故事的三大元素

1. 故事的缘由

故事的缘由就是将故事与现场联系起来，即我为什么要讲这个故事？也就是本次演讲与故事的切入点。

在此，我想给大家分享一个我的故事，也顺便回答很多人经常问我的一个问题：学习演讲、学习口才到底能给我们带来什么？

我初到的北京的时候，正是我人生中最低谷的时期。我一直沉浸在悲伤、绝望和迷茫中。

当时，赵鹤之老师对我说："你现在感觉很痛苦很难受的事情，等你到了80岁还会记得吗？"

我回答说："可能不会吧。"

他说："如果一件事情到你80岁的时候，连你自己都不记得了，那你现在悲伤有什么意义呢？岂不是浪费自己的时间和大好青春吗？不要用过去的渺小去恐惧明天的舞台。"

当时我之所以选择演讲教育这个行业，就是因为赵鹤之老师的这一句话。因为那一刻我忽然意识到，原来一个人的讲话是可以点醒一个生命。语言的力量太神奇了！

因此，我决定学习讲话的技巧，因为正如雅斯贝尔斯在《什么是教育》中所说："教育就是一棵树摇动一棵树，一朵云推动一朵云，一个灵魂唤醒另一个灵魂。"我也希望自己能通过演讲教育去影响更多的人。

2. 故事的时地人

《金刚经》的开篇说："如是我闻，一时，佛在舍卫国祇树给孤独园，与大比丘众千二百五十人俱。"意思是：有一天，释迦牟尼佛在舍卫国，祇树在孤独园里说法，在场的有佛陀的常随弟子出家众一千两百五十人，都是德行高尚为众人所熟知的。开篇仅一句话，就把时间、地点、人物交代得清清楚楚。

我们在讲故事的时候，也应该寥寥数语就把时间、地点、人物等因素交代完毕，描绘出故事的大体框架，然后再丰富内容。

"很久很久以前，在一个美丽的城堡里住着一位灰姑娘。"这就是故事的时地人。

3. 故事的启发

我们不能为了讲故事而讲故事，而是要给听众更多的启发和收获。在我们的生活中，也许没有太多惊天动地的大故事，但是每一天都在发生一些小的故事，这些小故事影响并改变了我们的人生。

有一次，一位凯来钻石会员对我说："我曾花了 200 万元的咨询费，都不如凯来口才导师团这样的服务。"

如果要问凯来的核心价值是什么，就是让每一个学员都获得超出期待的惊喜，同时帮助学员真正地成长和改变。以此为理念，凯来已经深耕了 13 年。

20 年来，赵鹤之老师每年都会通过大量阅读，积累国学文化智慧。从中华文化五千年的历史中看现在，你的视野、格局和胸怀会完全不同！

自 2015 年以来，凯来一直开展华夏弟子班游学活动。我们带着学员去过泰山、曲阜、西安、平遥、洛阳等地，感受来自中国古城的文化气息和华夏文明的智慧，用脚丈量祖国大地。

与此同时，凯来口才课程的每一节课、每一个模式，都是从中国文化历史中提炼出来的。一个行业要想持久发展，就需要不断地深耕，一米宽，千米深。做别人不愿意做的空白区域，相信总有一天会开辟出属于自己的一片天地。一个人真正的自信不仅是对自己的自信，对企业的自信，对行业的自信，更是对中国文化的自信。

从 200 万元咨询服务费，一直讲到中国文化的自信，我们可以像这样，尝试着去讲讲生活中的点滴故事，也可以讲讲让你刻骨铭心的感人故事。

四、好故事的三大核心

一个好故事能够使人眼前一亮，牢牢地吸引听众的注意力。而缺乏感染力的故事则容易使演讲者唱"独角戏"，台上声情并茂，台下却无动于衷，演讲者和听众没有产生共鸣。

那么，如何把故事讲得更生动精彩呢？

1. 好故事，是真实的

故事分真实的故事和虚构的故事，但好故事一定是真实的。一个由真实情节构成的故事，往往更容易打动观众，或使之悲伤，或使之喜悦，否则无法把听众带进一个你预先设想的状态。

2020 年，凯来团队重走长征路。在行进途中，发生了一段令人感动的故事。我们到达若尔盖的班佑后，看到了一个石碑，上面刻着"胜利的曙光"。

这碑刻后面有着一个真实的故事，是红军长征路上的真实故事。

1935 年 8 月下旬，红 11 团过了班佑河后，继续前进。在走出了 70 多里后，彭德怀军长对红三军 11 团政委王平说："还有七八百红军战士没有渡过班佑河，你赶快带一个营去接应他们。"

王平带着一个营往回走，大家疲惫得已经抬不动腿时，终于来到班佑河畔。他用望远镜观察河对岸，发现对面河滩上坐着几百个战士。王平赶紧先带人涉水过去观察情况，当他们蹚过河，发现这些战士背靠背静静地坐在那里，一动也不动。这些红军战士从江西出发，行军8个月，历尽艰辛，一步一步爬出了草地，走出了沼泽，经受住了冰霜雨雪，却没能渡过小小的班佑河。在这班佑河畔，他们耗尽了生命的最后一丝气力，因饥饿和伤病而牺牲了。他们把自己宝贵的生命留在这里，同时也留下了胜利的希望和曙光。

很多年后，人们在班佑河边立起了一座纪念碑，她就像一座丰碑，静静地守护着这茫茫的大草原，诉说着当年红军战士的悲壮故事……

在故事中设置情节会更容易引起听众的共鸣，使听众自然而然地融入到故事中去，并能帮助听众更容易理解演讲者所要表达的观点与内容，这样的故事讲述将使听众产生身临其境的感觉。

2. 好故事，有画面有落地

故事的画面感，是指演讲者依靠语言在观众的大脑中形成画面的效果。故事有画面感，就会给听众留下更鲜明的印象，产生更强的说服力。

演讲者在讲故事时，应该把自己当成故事的主角来体会其中的情绪和感觉，这样才能表达出真实的情感，才能使听众产生共鸣，触发深层情绪，深深地打动人。

大家可以到网络上观看雷军在小米10周年演讲的演讲稿，从某种意义上说，这篇曾点爆网络的演讲文就是一个故事，一个关于雷军和他的团队的真实故事。为什么人们疯狂地阅读和转载它？因为它真实，有画面，有情感，能震撼人心，直指心灵。

今年8月，雷军再次发表了第三次年度演讲，名为"穿越人生低谷的感悟"，通篇都在讲述困境与脱离困境的奋斗小故事。这次演讲再次引发大众关注，有人甚至评价道："雷军不愧是讲故事的高手，贩卖情怀、操纵情绪，每一样都玩得很溜。"是啊，据不完全统计，在过去 3 年的 3 次公开演讲中，雷军一共讲述了 37 个故事。说他唱苦情戏也好，说他熬心灵鸡汤也罢，偏偏人们很吃这一套，因为他讲的故事，实在好听。

我到现在还记得，雷军在十周年演讲中描述自己忙碌状态的那一段："我经常早上 9 点上班，到了凌晨一两点还在开会。有一天下班的时候，我数了数，一天下来，我居然开了 23 个会。"都说细节最能打动人心，我的确被这超强的画面感打动了。

所以，好故事一定是有画面有落地的。

3. 好故事，讲感情

讲故事为什么需要情感？

达尔文说过：全世界人类表达感情的基础模式是大体一致的。早在符号甚至更早的口头语言表达出现之前，人类就掌握了用一系列动作、表情在彼此间传达感情的方法。

以情感来表达和接收信息这件事，是根植在人性、基因层面里的，所以不需要有人教，天生就会。虽然人类可以用理性的方式接收和处理信息，但是情感对于信息接收、处理和响应的速度，总是要比理性快得多。在讲故事的过程中，为了更好地传递信息，为了更好地说服观众，为了给观众造成更深刻的印象，你一定要在观众当中唤起某种感性的共鸣和认同，触发听众的深层情绪，才能真正打动人。

在雷军的演讲中，他的情感给人的感觉总是那么真实，他从不刻意掩藏自己的脆弱部分，也从不隐藏自己的雄心大志。"痛苦、失败、危机"等具有负面能量的关键词，他用了上百次；"梦想、机会、成就"等具有正向能量的关键词，他也用了七八十次。他在袒露自己感情的同时，也迎合了听众的情绪，所以人们总是格外关注他的演讲，总是对他的演讲津津乐道。这也从侧面表明，雷军的演讲是非常成功的。

所以，讲故事一定要投入真情实感，要用真感受来讲故事，用真感情去立人物。要真的相信自己所讲的故事，要真的如自己故事中所讲的那样去行动，这才是好故事能持续地、长期地，甚至是永远地打动人心的关键。

五、人生 8 大故事

每一次课上，我都会让学员们准备自己的人生八大故事。包括创业的故事、成功的故事、失败的故事、刻骨铭心的故事、感动难忘的故事、人生转折的故事、品牌文化的故事、愿景使命的故事。谁说自己没有故事可讲？以上这些故事，总有一个是你已经经历过的，或者是你正在经历的。

讲好一个故事的三大元素：学会通过故事展现思想，学会把品牌、产品通过故事展现出来，学会把你未来梦想的故事讲给别人听。掌握了这三大元素，你就能讲好你的人生 8 大故事。就像很多创业的学员都会进行路演融资一样，他们讲的不仅是企业现在的故事，还有企业未来的故事。

感知生活中的一点一滴，学会把你的故事表达给这个世界。

第 **10** 堂

感召思维
如何用演说感召影响他人？

》

有大梦想的人才会感召有小梦想的人，有超大梦想的人才会感召有大梦想的人，所以我们永远会被有大梦想的人感召。

丘吉尔说："一个人可以面对多少人，就代表这个人的人生成就有多大。"我想说："一个人可以感召多少人，就代表这个人的人生影响有多大。"

感召力就是影响力。生活中，处处需要感召力，团队需要感召，家人需要感召，合伙人需要感召，客户更需要感召……人生就是一场感召。

我们用什么去感召别人呢？有大梦想的人才会感召有小梦想的人，有超大梦想的人才会感召有大梦想的人，所以我们永远会被有大梦想的人感召。

唐三藏之所以能带着徒弟成功地从西天取得真经，是因为他是一个目标性很强的人，他知道自己是从哪里来，要到哪里去。

世界喜剧大师卓别林在演讲"要为自由而战斗"中说道："战士们，你们千万别去为那些禽兽们卖命啊！他们鄙视你们，克扣你们的伙食，拿你们当枪使，你们别去受这些狼心狗肺者的摆布，他们都是机器人，长的机器脑袋，机器心肝！可你们不是机器人，你们是人，你们有着人爱。"

这是一篇感召力爆棚的演说，也是公认的卓别林一生中最精彩的演说。他以战士的立场，分析了大独裁者带给他们的伤害，号召他们不要去卖命当炮灰。言辞激烈而恳切，爱憎分明，对那些受人蒙骗、被人利用的士兵具有强大的号召力。

每一次讲话都是一次感召人心的过程，只要我们演讲时有坚定和清晰的目标定位，有宏大的愿景，我们的讲话就一定能产生感召力。

那么，应该如何组织语言，才能使我们的讲话具有强大的感召力呢？

一、感召思维四部曲

第一，说变化：从……到……，从……到……，从……到……

比如，当你向行业人员分享自己创业前后的变化，那你就应该从创业之初面临的困难和挑战讲起，讲如何坚持下来，再讲现在取得的成果，总之就是描述从最开始到现在的一个变化过程。

建议大家认真阅读一下雷军小米 10 周年的演讲《一往无前》的原文，他的整个演讲都是在讲小米从开始到现在的转变过程，以及如何克服困难，如何解决问题。

第二，离不开……，离不开……，离不开……

讲完变化，就要总结"离不开"。

比如，我今天取得这个成功，首先离不开行业平台的培养，其次离不开我们核心高管齐心协力的帮助，最后离不开每一个人的努力付出。作为管理者，一定要从全局去把控、思考和统筹，然后再来总结各种"离不开"。

2016 年，有一位学员做市政工程，每年向团队发 1000 多万元的奖金，但是后来他发现，这些钱并没有在团队中起到很好的效果。后来他到凯来学习，改用讲话方式发"奖金"，不仅省了几千万元，还得到了团队的积极反馈。如果领导者不能很好地表达，那他就是失职的，对企业的影响也是致命的。

我们要学会使用这样的句式来塑造企业的影响力，把自己的功劳转归于他人，转归于现场的人，转归于平台，转归于给予我们支持和帮助的人，从而获得更多的价值。

在与孩子的沟通中，我们也可以参考这种说话的方式来鼓励孩子的变化。比如孩子的成绩从 80 分提升到现在的 98 分，那你在肯定他的进步的同时，也要告诉他，成长的背后离不开哪些人、哪些事，使孩子从小就有一颗感恩的心，并避免在获得好成绩时骄傲自满。

口才不仅仅代表讲话的水平，也代表了一种人际关系的经营。

第三，是因为……，是因为……，是因为……

很多人，包括我们的一些学员经常会问，凯来的老师每个星期几乎要工作 100 个小时，长期如此不会觉得累吗？

其实，对于我们凯来的每一位老师来说，并没有把这份工作仅仅当作一份简单的工作来做，而是把它当成一件有价值有意义的事业在做，因为它可以帮助更多人提升，使更多人成长和改变。每当看到学员有了新的变化，我们就会感觉无比欣慰和自豪。

我们生活在这个时代，早已顺应了时代的发展，如果早在 50 年前，企业很有可能无法生存。而我们之所以有了今天的顺利发展，是因为我们整个行业现在呈上升趋势，是因为时代赋予了我们环境，使我们的团队得以凝聚，才有了现在的结果。

我们的成功是因为平台，是因为团队，是因为领导，是因为公司，是因为行业，是因为时代。

我们要学会从更大的层面来归功于更多的人，把自己的努力归功于他人，这样才会良性发展，你的收获才会越来越多。

第四，也希望……，也希望……，也希望……

描龙画凤，重在点睛。

一场讲话的结尾，不能一两句话了事，一定要表达你的期待和希望，要成为点睛之笔。比如，希望个人能够做到什么结果，希望团队能够达成什么结果，希望企业未来能够发展到什么样子。

期许可小可大，小到团队每一个人的成果，大到对企业的情怀和愿景，比如你对企业未来的发展是否有清晰的规划、蓝图和愿景。

好好运用感召四部曲，用心体会，用心总结，用心尝试，你会发现它的运用十分简单。我们可以把它运用到不同的场合中去，更重要的是渗透到我们每一天的讲话当中。无论是工作汇报、工作分享、团队会议，还是与团队、合伙人、客户、家人朋友的日常交流和沟通，都可以运用这种方式。它能使我们的讲话产生更多的能量，使我们的讲话更具感召力，使身边的人更加信任我们，使我们的成就感倍增。

小米 10 周年雷军的演讲，就用了故事和感召四部曲，大家可以对照加深印象，剖析一下他的演讲逻辑。

二、跟孟子学习影响力智慧

最后，我想跟大家分享赵鹤之老师的一篇文章——《跟孟子学习影响力智慧》。

孟子说："然则治天下，独可耕且为与？有大人之事，有小人之事。且一人之身，而百工之所为备，如必自为而后用之，是率天下而路也。故曰，或劳心，或劳力；劳心者治人，劳力者治于人；治于人者食人，治人者食于人，天下之通义也。"

孟子通过这段话想告诉世人什么道理呢？

他是说不同的人在不同的位置上都有属于自己的责任，如果你是企业的领导，你需承担什么责任呢？你只要纵览全局、协调各方就好。也就是说你需要掌握一个宏观的情况，没有必要任何事情都亲力亲为，对一些鸡毛蒜皮的小事斤斤计较。作为领导者应该相信自己的员工，让每个人都各司其职。而自己则需要不断地提高整体能力，比如说对你下属能力的判断能力等。

作为企业中的中高层管理人员，如果他们能够准确把握企业战略方向，根据自身的经验和能力预测市场趋势，把握市场，获得先机，你就可以断定他们已经具有了一定的管理能力和影响力。总而言之，想看一个管理者是否拥有强大的影响力，是否能够胜任他的岗位，最基本的不是看他的专业能力，而是看其业务判断能力。

我们都知道，企业内部有一种特殊的岗位，其主要责任就是把人心聚拢在一起，这就是俗称的"管理"岗位。管理类岗位的专业能力包括三部分：影响力、管理能力和业务判断能力。在很多需要大量专业知识的行业中，一个员工的专业能力是其进行各种业务操作的基础技能，如果你没有储备专业知识，你就无法开展工作，如果你的基础知识不过关，也不能很好地开展你的工作。

业务判断的能力是管理者的必备能力。比如说你作为销售部门的领导，那么你应该对自己产品的市场有足够独到的分析；你要能够发现自己行业的内部规律，掌握整个产品销售的市场动态，在别人还没有意识到的时候就能够把握先机，并且创造机会去赢得市场，这都是业务判断能力的要求。试想，如果一个人根本不具备业务判断能力，那他怎么能够被任命为销售部门的管理者呢？

但是，需要强调的是，管理者不是什么事情都要做。举一个简单的例子，如果你是一家房地产公司的老总，你是不是必须会预算、会画图纸、会审核验收甚至是会盖房子呢？显然不是，你只要有足够的统筹能力和行业展望能力就足够了。

因此，所谓"在其位，谋其政"，只要在一个职位上拥有属于这个岗位的能力，那就足够了。

当年计算机行业的龙头企业 IBM 公司深陷困境，出乎大家意料的是让它再次迎来辉煌的不是程序员，也不是计算机专家，而是享有"食品大王"美誉的美国 RJR 食品烟草公司前总裁郭士纳。

IBM 公司在身陷困境之际为什么会邀请一位非计算机行业的人士作为领导者呢？因为郭士纳具有卓越的影响力，他对行业的洞察与理解当时无人能及。由此可见，一个具有卓越影响力的领导者，必定具有卓越的理解力和出类拔萃的洞察力，这些都能令他即便是在跨行业的情况下依然能够把握未来的方向，迅速取得成功。

大多数影响力相关的书是这样定义影响力的：影响力是指在管辖的范围内充分地利用人力和客观条件，以最小的成本办成所需的事，提高整个团体的办事效率。影响力是公司和其他组织发展的基础。

什么是影响力智慧？要拥有影响力智慧首先要有影响力思维，影响力思维是影响人心的思维，不仅要影响人们做一件具体的事情，而是要影响一个人的习惯和心态。

孔子、孟子、老子的思想为什么能在中国传承几千年的时间，就是因为他们的思想和著作影响了一代又一代的人，这些思想和著作都是他们智慧的结晶。

在山东曲阜，最震撼人心的并非孔府、孔庙，而是孔林。孔林是世界上延时最久的家族墓地，墓葬数量之多，规模之大，保存之完好，在世界上绝无仅有。孔子的个人影响力、家族影响力以及儒家思想的影响力之所以能够一直流传，是因为孔子具有影响力智慧，这种智慧不仅影响了他的家人、他的弟子，甚至影响了世世代代。

第11堂

托场思维

如何成为一个受欢迎的人?

成为一个受欢迎的人，一定是一个托起国家，托起人类，托起万物，托起天地的人。

相信在每个人的成长过程中，都害怕自己会变成一个令人讨厌的人。从内心深处，我们都渴望被认可，被肯定，被爱，都希望自己成为一个受欢迎的人。

老子《道德经》里有一段话："上善若水，水善利万物而不争，处众人之所恶，故几于道。居善地，心善渊，与善仁，言善信，正善治，事善能，动善时。夫唯不争，故无忧。"在自然界的万事万物中，老子最赞赏的就是水。

如何成为受欢迎的人呢？就是要成为像水一样，居善地，心善渊，与善仁，言善信，正善治，事善能，动善事的人；就是要成为像水一样，能够托起和承载别人生命与命运的人。

一、事业托场三大核心

1. 托企业

不管你现在身处什么样的位置，不管你是老板、职业经理人、高管、主管，还是一个基层的员工，都要学会托企业。当所有的人往一个方向努力，这个企业才能产生更大的力量。

有句古话说得好："千人同心，则得千人之力；万人异心，则无一人之用。"意思是说，如果一千个人同心同德，就可以发挥超过一千人的力量，如果一万个人离心离德，就会连一个人的力量也比不上。这就是团队的力量，这就是我们需要的团队精神。

凯来的很多学员说："我见过那么多的教育机构，但是只有这里深深吸引住了我，除了课程，还有凯来的团队。"

这就是一个有向心力的团队的感召力。我们的每一次讲话，都要学会去托企业。不管是在你的合作伙伴、同事面前，还是在家人面前，你都要把企业托起来，让你的团队和家人，以你的企业为信仰。

2. 托团队

一个人可以走得很快，但一群人才能走得更远。一个人的力量再强大也要靠团队。我在直播或讲课的时候，经常会特别感恩凯来团队的每一个人，我要托起他们。

当你肯定并托起团队，团队也会因你而更骄傲。

当然，如果你不是企业的最高领导者，那你一定要学会托起你的领导。如果你是最高领导者，则一定要托起团队平台。

3. 托文化

企业、领导、团队都是有形的，但还有一种无形的文化，即企业文化，也需要托起。

企业有企业的文化，每一个企业文化都要靠企业内每一个人的托起。比如，华为系列故事《枪林弹雨中成长》彰显了华为文化的内涵，阿里巴巴有一个文化叫作拥抱变化，我们凯来的文化叫作正念、成就、传播、传承。我们进入一个企业之初，每天做的工作内容都不同，可能会很难适应，但是，当你把这种变化当作一种企业文化，就能慢慢融入其中。

我们中华民族之所以能够屹立 5000 年而不倒，就是因为我们有厚重历史积淀的华夏文明作为支撑。所以，文化虽然是无形的，但它却是最能影响人心的。

从 2020 年到 2022 年，凯来的很多核心团队成员连续 3 年没有回老家，连春节也在工作。到底是什么原因使他们这样做？我们凯来有一句文化口号叫作"生命不息，奋斗不止，聚焦目标，胜局无尽"。只要学员需要，我们就会义不容辞地坚守在工作岗位上。这就是我们托起的企业文化。

所以，当企业的每一个人都能够托起企业文化的时候，你会发现所有的力量都集中到了一处。我们讲话也是一样，要做到托企业、托领导、托团队、托文化。当你成为一个会托场的人，你就一定会是那个受欢迎的人。

二、家庭托场的三大核心

1. 托孩子

想必很多人都有过这样的经历，就是在我们很小的时候，父母经常拿我们和别的孩子作比较：你看看人家的孩子，成绩多好，你看看你！不用说，当每一个孩子听到这样的话，内心多少都会有点受伤。

所以，在一个家庭中，父母要把你的孩子托起来，让他从小树立起自信心。以我从业多年的经验来看，一个人是否自信（包括演说和日常讲话），其实与他童年的记忆和环境有关。

2. 托爱人

我经常说，你口中的人生就是你的人生。当你每天都在抱怨爱人不好，其实你也深受其害；当你每天都在托起都在感恩，其实别人也能感受到你的幸福，感受你的完美人生。

一位女士对上帝说："我觉得我老公不爱我。"

上帝说："那就去爱啊！"

女士又说："我老公不爱我。"

上帝又说："那就去爱！"

女士继续说："我说我老公不爱我。"

上帝又说："那你就去爱！"

连续问答了十几遍，女士终于懂了，那就去爱老公，去托起他！

当你不断托起你身边的人，他们也会感受到你言语的力量，回馈给你同样的力量，因为宇宙间的一切力量资源都是相互的。

所以，托起你的爱人，互相感受爱的力量。

3. 托家族

中国孝文化源远流长。百善孝为先，我们的生命是父母给予的，我们要学会托起父母，因为他们是我们的家族的力量之源。

从古至今，家族的力量是非常强大的。在带领华夏弟子班游学的时候，赵鹤之老师带我们去了孔府、孔林。孔林有 3000 多年的历史，孔姓家族的人都葬在那里。即使你的事业做得再大再成功，你能想象得到，3000 年后你的家族后人会在哪里吗？我相信，孔姓家族的每一个人都会以自己的家族而骄傲。

关照自我，我们每个人的一生也就短短几十年，但是放眼我们家族的延续，你会感叹这是一种非常神奇的力量，对于我们每一个人来说，这种延续就是一种生命的传承。如果你愿意去托起家族的每一个人，你的家族怎么可能还会有矛盾呢？

三、社交托场的三大核心

1. 托同伴

当你与朋友一起参加社交聚会，托同伴便显得非常重要，能让你的同伴更有荣耀感，也能增加他对你的信赖感。

2. 托要人

如果参加比较重要的场合，我们要学会托要人。

2017 年，一个做汽车装饰的学员来到凯来学习，他所在的行业近期要举办一次 6000 多人的行业论坛，而他作为行业协会的会长，将上台发表讲话，所以，他专程前来学习如何在几千人的场合讲话。当时，我给他分享了很多内容，其中有一点就是托起现场的要人。6000多人，你自然无法点到每一个人，但是现场重要的人物一定要点到。

很多人讲话找不到主题，因为他只想着自己。当你在一个场合不知道讲什么的时候，其实只需要托起今天的主人，也就是主办方、发起者。

总之，你每到一个场合，不管要不要发表讲话，都要首先弄清楚今天现场的重要人物是谁，你该托起哪些人。

3. 托自己

当然，在需要展示自己、展示企业的时候，你也要学会托起你自己，具体说就是亮明自己取得的成果，以及在行业中的地位。

四、人生托场的三大核心

1. 托国家

凯来不仅教授演讲口才，更重要的是教授学员作为一个中国人，要传播和传承我们中国的文化。我们要为我们国家的强大和文化的繁荣而骄傲自豪。

我们每一个中国人都努力托起我们的国家，我们的国家才能变得更加强盛和美好。

2. 托万物

放大到整个人类，国家也将变得渺小。我们何其有幸，能够生存在这个物质丰盛的时代，作为人类，我们应该托起整个人类万物的生命。

每次上课，我都会发自内心地感恩我身边所拥有的一切，讲台、话筒、背景板、杯子、PPT，甚至现场的每一个背板灯光。正如万物每天都在滋养我们的生活一样，我们也要学会去托起万物。

3. 托天地

放眼宇宙，我们何其渺小，能够生活在当下的这个时空，在天地间相遇，妙不可言。

佛家言：三千大千世界，一日月照四天下，覆六欲天、初禅天，为一"小世界"；一千个小世界覆一二禅天，为一"小千世界"；一千个小千世界覆一三禅天，为一"中千世界"；一千个中千世界覆一四禅天，为一"大千世界"。一大千世界有小、中、大三种"千世界"，故称三千大千世界。

一千个小千世界，叫作"中千世界"；一千个中千世界，叫作"大千世界"。一个大千世界，因为包含了小千世界、中千世界、大千世界，所以我们称之为"三千大千世界"，而三千大千世界是一个佛的国土的世界。

世界何其之大，宇宙何其之大，我们要托起天地宇宙。

身在这个时代，不会托场的人注定会被淘汰。我们一定要学会成为会托场的人，因为你口中的人生其实就是你的人生。

一个受欢迎的人，一定是一个托起国家、托起人类、托起万物、托起天地的人，学会 12 个托起，你会发现你脚下的每一片土地，都会带给你一种力量，带给你一种全新的滋养。

五、孜孜不倦地成长，托起更多的生命

我记得 2014 年的一期培训师学习班，结课的时候，有一位学员问了赵鹤之老师三个问题：

①鹤之老师，如何才能成为一个受欢迎的老师？

②您讲课这么多年，肯定会讲到很多重复的内容，请问您每次讲到这些重复内容的时候，是什么样的感受？

③您十几年持续不断地讲，是否会有疲倦的时候？

当时赵鹤之老师回答了他一段话，我记忆犹新。

"其实在每次上课之前准备的时候，我都会全力以赴，我会把这节课当成我人生的最后一节课来上。而且，每一次学员分享的事情，不管是好的事情，还是不好的事情，不管是创业的事情，还是人生的事情，我都可以从中汲取到更多的力量。

"就比如我有一个习惯——读书。我每年都会读很多书，有些书的内容非常好，有些书的内容一般，但是不管这本书是好还是坏，我都能够从中收获一些不同的东西。这就是力量的源泉。繁花似海，离不开道法相三界；世事如歌，终究是六爻助我。

"所以，对于我来说，每一节课都是新的，因为人不一样。而且，我也不会讲相同的内容，我会把最新的感受注入到最新的课程中。如果你一年前听我讲课，现在又来听我讲同一节课，你会发现它们大不相同。"

赵鹤之老师的一席话，令我茅塞顿开。如何成为一个受欢迎的人？首先要孜孜不倦地成长，再用双手托起生命中更多的人。

从今天开始，我们可以养成这样一种习惯：每次讲话的时候，尝试着用托场的方式去讲，这样就可以成为一个上善若水、温暖他人的人。

影响别人，托起生命，给别人力量。我们每一个人都是一个传递者、传播者和传承者，将你的力量传递给你身边更多的人，就像太阳一样去温暖你身边的万物。

第12堂

连接思维

如何成为社交沟通的高手？

从表面上看，社交沟通能力是能说会道，事实上，它包含了言谈举止等一切行为的能力。沟通能力强的人，一定比沟通能力弱的人获得更多的机会与资源。

人是社会的动物，社会是人与人相互作用的产物，一个人的发展取决于他直接或间接进行交往的其他一切关系的发展，即取决于他的社交关系的发展。

社交沟通能力是一个人生存与发展的必备能力，也是决定一个人成功的必要条件。

从表面上看，社交沟通能力是能说会道，事实上，它包含了言谈举止等一切行为的能力。沟通能力强的人，一定比沟通能力弱的人获得更多的机会与资源。

那么，如何快速地连接彼此的关系呢？以下是社交沟通的6个连接。

一、社交沟通的6个连接

1.聊环境

要真正了解一个人，必须了解他的环境。

他是谁？他是哪里人？做什么工作？有什么喜好？他的家庭是什么样的？

了解了一个人的环境，有利于找到你和他的一些共同点，比如地缘关系、共同爱好、相似经历、教育背景、喜欢的电影、时事、八卦、食品等。沟通的时候利用共同点，更容易使话题深入下去，打开对方的心门。

任何陌生的场合，都需要我们先了解现场的环境。

2. 聊行为

想要与人建立深入的连接，我们不仅要聊环境，还要聊他的行为。比如每天都在做什么？是否喜欢健身？是否喜欢学习？是否喜欢看书？

通过一个人的行为，发现并抓住他的兴趣点，就等于找到了对方需要的话题，借此展开沟通，便可以迅速拉近彼此的距离，增加感情联系。

3. 聊能力

除了聊环境和行为，还可以涉及一些专业方面的问题，以便达到更好地深入沟通。

比如，你觉得对于你的企业来说，目前你比较擅长什么？你在团队中的工作涉及哪些方面？你的优势是什么？你在专业领域取得的最好成绩是什么？

通过感知对方的专业能力，可以对一个人形成基本的判断。

4. 聊价值

有时候，当你真正去和一个人作心灵沟通时，你会发现，没有办法深入地走进他的内心，因为你根本没有问到信念和价值观方面的问题，彼此没有进行深入的探讨。

什么才是深入的探讨？比如，你渴望的事业是什么样的？你渴望的人生状态是什么样的？在未来 3 年或者 5 年，你的个人规划、团队规划、企业规划是什么？你觉得什么样的人生才是更有智慧的人生？你觉得以上这些都能实现吗？

在聊这些问题的时候，最核心的一点是：要不断地去问，然后不断地表示肯定。比如反复问对方，还有吗？然后呢？对方才会认真地、深入地思考。

在我们的沟通中，一般前三个问题的回答都是浮于表面的，只有不断地问还有吗？还有吗？还有吗？才能找到真正的答案。

5. 聊身份

如何聊身份？未来你想成为一个什么样的人？你在家庭中想担任一个什么样的角色？你希望你的团队能达到一个什么样的状态？这些就是聊身份。

每个人在生活或工作中都扮演着不同的身份，只有当我们与某一个人聊身份的时候，他对自己的身份所付出的责任感与价值感才能更好地体现出来。

6. 聊灵性

你所做的这一切的目标是什么？你为什么如此努力？你创业了 10 年，做企业做了 20 年，你所有的这一切是为了什么？你为什么想要努力去实现你的梦想？这些就是聊灵性。当你向对方问出这些问题时，他才会进行深入的思考，这样才可以拉近彼此的关系。

当你真的想要和一个人做到灵魂共振，就一定要去问这些问题，而不仅仅是问环境和身份。

这六个连接，是从下往上问。从他的环境开始问，问他的行为，问他的能力，问他的信念、价值观，问他的身份，最后才是问灵性。问完以后，我相信你和这个人的沟通就会达到同频。

当然，你也可以以这种方式与自己对话，以便更深入地了解你自己。同时，你也可以知道自己当下需要的是什么，知道自己未来的方向。当然，你也可以去和你的合伙人进行沟通，深入交流，达到真正的心与心的碰撞。

你还可以和孩子、父母以及身边的亲人作深入的交流，以增进彼此的关系和感情。当你打开自己的同时，会发现自己也将收获更多。

二、社交沟通的注意事项

1. 微笑

与别人沟通的时候，第一要做到微笑。如果听别人讲话的时候，你面无表情，毫无波澜，别人就很难和你沟通下去。

微笑是最好的名片。

有一位知名杂志的主编，他的名片上只有姓名和联系方式，没有任何头衔，名片上印着这么一行字：你微笑，世界也微笑。每当他微笑着递出自己的名片，也会收到对方的微笑。

在社交沟通中，微笑是一种简单而有效的沟通技巧。微笑不仅能缩短你与对方的距离，还能传情达意，表示你在认真听对方讲话，表示你对对方的话语持肯定态度。但是，切忌为了微笑而微笑，那是假笑。要笑得自然、亲切，最重要的是笑得真诚。真诚的微笑能让对方感受到温暖，引起对方的共鸣，从而加深双方的感情。不管是在与人聊天的时候，还是在演讲的时候，最重要的就是真诚。

2. 聆听

在与人沟通的过程中，人们最需要是你在专心地听着。你说，我听，这是对你的一种尊重，一种肯定。

聆听时，要尽可能地消除干扰，告别心不在焉的举动与表现，比如信手涂鸦、胡乱玩弄小物件、东张西望。

倾听一般有四种境界，不会倾听的人处于前两种境界，会倾听的人处于后两种境界。

第一种境界，漫不经心地听。很多人最开始的时候可能不大喜欢听别人讲话，因为我们总是蠢蠢欲动，想更快地去表达自己的观点，想把自己心中所有的话一吐为快。

这个时候，我们必定不会好好听对方讲话，因为我们最感兴趣的并不是别人的信息和诉求，我们的脑海里只有我们自己。我们小时候总容易犯这样的错误，在别人和我们说话的时候，我们总是听话听不到一半儿，就迫不及待地去表达自己的看法了。

或者，我们的心根本就不在这里，我们想快速结束这次谈话。

这种"倾听"只会加快人与人之间关系的破裂，如果我们现在还处在这个阶段，那是不成熟的表现。

第二种境界，似是而非地听。在这个阶段，我们听别人说话仅仅是一个听音的过程，我们只听到对方字面的意思，而没有真正领悟对方传达出来的真实意图。因此，在这个阶段我们可能失去了真正了解对方、和对方进一步交流的机会。似是而非地听，不但对说话的人造成了伤害，而且也会造成误解。因为，我们一直以"嗯""知道了"，以及点头的方式回应会让对方认为我们已经明白了他的真实意图，这样在以后就容易出现其他的误会。

第三种境界，充满激情地听。当我们的倾听达到这个境界的时候，就会引发对方交流的热情。那么，怎么才能做到呢？我们必须积极主动地去听对方说话，做到能够将对方语言中的内容都熟记于心，并且能够筛选自己有用的东西，和对方进行无障碍沟通。但是我们也不要高兴得太早，因为，我们还只是和对方交流起来比较顺畅，要想达到心意相通还必须做到用心灵听。

第四种境界，用心灵去听。这样我们不但可以从对方的话语中找到自己想要的内容，更能从中得到情感的共鸣。电视、电影中的高潮部分，往往会让你感受到剧中人的情感，我们称之为"代入感"，这就是因为你和剧中人的情感产生了共鸣。如果我们在倾听的时候能够做到这一点，我们和对方是不是会形成一种比较亲密的关系，再做起事来不就可以无往而不胜了吗？

在用心灵去倾听的时候，我们还可以适时地重述对方说的某一句话，表示你听进去了他的这句话，你也正在思考这句话。但是，尽量不要鹦鹉学舌，完全照搬对方的话，而应该用自己的语言重述他原话中的观点。这种方式既能使对方觉得自己被倾听被尊重，又能掌握对方的核心思想，避免对话中断。

我们在和团队或领导沟通的时候，可以一边听一边拿本子记下重点，这也是一种聆听的反映。

因此，倾听是魅力演说的核心，要想做到用心灵去听，只需从一点一滴做起。荀子说："不积跬步，无以至千里。"就让我们从第一步开始我们的倾听之旅吧。

事实上，这里我们说的是表面的倾听，是社交沟通中的一种态度。还有一种深层次的倾听——我们可以理解为会听，也就是能听出别人的言下之意。而这需要我们具有倾听的智慧。

会听是一种能力，也是一种智慧，那么倾听的智慧从何而来呢？

第一，倾听者要有全局观。我们在之前已经谈论过了身体语言的重要性，对方的身体语言中，可能会有他要隐藏的信息，而这个才是他的真正想法。我想你用一些适当的身体语言来鼓励对方说出自己的看法也是很有必要的，比如说向前倾斜自己的身体，显示自己对正在谈论的主题很有兴趣。

第二，学会听智者的话。有的人在听别人说话的时候，往往只接收到那些自己喜欢的内容，然而大家要知道有句古话是这么说的："良药口苦利于病，忠言逆耳利于行。"

春秋时期，吴越争霸，吴王夫差大败越国之后，勾践投降。当时伍子胥认为夫差应该一鼓作气灭掉越国，以免留有后患，但是夫差不为所动，反而轻信了伯嚭的谗言。伍子胥就对自己的儿子说："大王不听我的劝告，我都可以看到将来越国灭吴的样子了，你留在吴国等待与其一同灭亡，一点好处都没有啊。"于是伍子胥借出使齐国的机会将儿子留在了齐国。因为此事，伯嚭趁机跟吴王说伍子胥预谋谋反。终于，公元前484年，夫差赐死伍子胥。伍子胥临死之前仰天长叹："现在奸臣当道，大王您听信谗言，当年我辅佐先王称霸，并且力排众议辅佐大王您成为太子，当时您说要与我分国而治，我都不曾有过背叛之心。而今大王却听信谗言，将我赐死。"他留下遗言，要邻人将自己的眼睛挖出来，挂在吴国都城的东门上，说要亲眼看着越王勾践灭吴的情景。不久后，勾践卧薪尝胆果然灭了吴国。

夫差的偏信偏听导致了他的灭国。作为领导要避免偏信偏听，应该选择性地倾听，在有的时候还不如不去倾听。

倾听是一种素质，更是一种能力。很多人都知道听别人讲话是一种尊重，却不知道，听懂别人讲话更是一种能力。很多人听完别人的话，根本什么都得不到，但是有些人听完别人的话后，却能明白很多。要学会辨别语言中有用的信息，而不是一字不落全部吸收，要有倾听的智慧。

第三,听专业人士如何说。倾听与雄辩是相辅相成的,唐朝的时候,太宗李世民曾经问大臣们："到底是打天下难还是守天下难？"

其实这是一个见仁见智的问题，在不同的时期各有各的难处罢了。我们想一想，自己是不是也有一个天下，那么我们打江山和守江山的利器是什么呢？我们可以把之前讲到的口才当作打江山的能力，而把这一章说的倾听当作守江山的利器。

你想想你自己，是不是不愿意把心中最真实的一面暴露出来呢？但是你真的能做到把自己的心思完全隐瞒吗？想来是不能的，所以由己推人，我们应该知道，听正是我们用来了解别人的最佳方法。

《诗经》是我国第一部诗歌总集，这部总集是怎么来的呢？现在大多数的学者认可的观点是"采诗说"。采诗说是怎么回事儿呢？

周天子不能亲自去各地视察，但他又想知道老百姓过得怎么样，于是就派人到田间地头去搜集人们当时唱的歌，回来以后让管音律的部门再重新谱曲，就这样《诗经》得以出现。

《汉书·艺文志》中说："自孝武立乐府而采歌谣，于是有代赵之讴，秦楚之风，皆感于哀乐，缘事而发，亦可以观风俗，知薄厚云。"

古语说"言多必失"，《论语》里讲"讷于言而敏于行"，这些都是教我们在与人交往的过程中不要忘记倾听。

在很多场合，我们可能是演说者，也可能是倾听者，我们不但要会说，也要会听。会听的人，也会变得更会说，因为他更能了解听者的心理需求。而掌握了倾听技巧的人，总是比那些只知道夸夸其谈的人更受欢迎。

3. 目光交流

如果说眼睛是心灵的窗户，目光就是心灵的语言。在社交沟通中，一定要有目光的交流。人与人彼此之间的信息交流，总是以目光交流为起点。两个人只有彼此眼神相交时，沟通和交流才真正开始。

你微笑着聆听，然后认真地看着他，他才会和你深入交流，因为这时候你们达到了心灵共振。

剑桥大学的科恩博士曾经做过一个实验：将几张照片分发给不同的人看，每张照片除了眼部，其余的部位都用胶带遮住了。然后他要求人们根据自己拿到手的照片，给照片上的人物匹配合适的心理状态，比如"亲切""外向""忧郁""心怀不轨"等。此外，还要求他们判断人物的心理活动，比如他们的渴望。这个实验一共给出了25道题目，结果男性平均答对了19道题目，女性平均答对了22道题目。这就说明，不管是男性还是女性，对于眼睛所传递的信息，都具有较强的解读能力。

全美出色的教师罗恩·克拉克在《优秀是教出来的》中说道："要

用眼睛与他人沟通。有人和你说话时，眼睛要注视着他；有人发表意见时，身体和脸要正对着他，眼睛注视着他。对于一部分人来说，用眼睛盯着一件东西看似乎有点困难，但是如果你想赢得对方的好感，做到这一点就是极为重要的。例如，当你走进老板的办公室，向他提出提升的要求时，如果你的眼睛一直注视着他，而不是低着头，他当下就会认真地考虑你的请求。当你在团队里陈述一份自己制订的商业计划时，如果你能用自信的眼神环视周围的人，大家就会更加信任你并认同你的计划……"自信的眼神能使人对你产生信任，真诚的眼神能使人对你产生好感。

那么，如何正确地进行目光交流呢？

德国弗赖堡的人际交往专家伊丽莎白·多纳奥告诉人们："在人与人的交谈过程中，与对方的目光交流是必不可少的。正确的目光交流方式有助于谈话的顺利进行，但如何才能做到呢？在交谈中，直勾勾地注视对方的双眼是不正确的做法，这样会使对方感到很不礼貌，甚至感觉受到了挑衅。正确的做法是，首先看着对方的眼睛，随后将视线缓慢地移到对方的嘴部，停留片刻后，再返回到他的眼部。这样做的目的，是给对方机会对你所说的话作出相应的反应，这时候就会自然而然地表现出点头、微笑等带有好感的表情，同时也会使对方觉得与你进行交谈很自在。"

除此之外，多纳奥还提醒人们："交谈时千万不要将目光转向地面或天花板，也不要将视线停留在对方身体上的任何一个部位，这些在对方看来都是极不礼貌的。"

罗恩·克拉克也在学生的训练课上说道："当你发表演说的时候，眼睛要注视着对方，语气中要多带一些强调的成分，加入更多的感情色彩。如果你的眼睛没有注视对方，而是看向别处或盯着地面或天花板，则表示你对自己所说的话并不确定，或者你说的话有可能根本就不是真的。如果眼睛总是瞟向左上方的话，则说明你正在撒谎。"

因此，我们不仅要在沟通中保持目光的交流，还要掌握正确的目光交流的方法，学会运用眼神来提升自己的信心，这会使我们的社交沟通达到事半功倍的效果。

4. 认清自己的角色

沟通中，一定要认清你的角色是什么。比如，你今天是作为一个陪伴者、倾听者，还是一个领导者，或者只是一个合伙人、一个朋友的身份而出现在这场沟通中。

不同的身份导致沟通的方式有所差别。如果是上级对下级，则沟通不可能很深入，因为下级会有压力；如果是朋友之间的沟通，则不用太过拘泥，因为双方是平级关系。

沟通中认清自己角色的最大好处是：能够避免越位、失位或说错话。

比如，在一次商务谈判中，双方正在议价，当甲方报出的价格正好是乙方预设的底线时，乙方的一位年轻人抢在己方负责人开口前，面露喜色地说道："嗯，这个价格正符合我们的预期。"就因为他的这句话，乙方可能失去更多的利益。这就是由于没有认清自己的角色而说错了话。

又比如，某个学校的炊事员，年纪轻轻就烧得一手好菜，他的厨艺得到了全校师生的好评。可是，他却觉得炊事员的工作没有前途，并不安心工作。于是，学校的一个领导就去找他谈话。领导开门见山地对他说："小伙子，炊事员这个工作有什么不好的？我看就很适合你啊。这工作既是你的专长，又清闲自在。最重要的是，你每天都能第一个尝到出锅的美味，俗话说'一招鲜，吃遍天'，你的油水可不比别人少哇！"这位领导虽然所言极是，而且态度也平易近人，但这些话说出来并不符合他本人的身份。他只站在炊事员的利益角度进行说理，却忘了自己代表的是学校的利益，试想一下，哪有学校鼓励员工"揩油"的呢？这就是典型的角色失位。

又比如，在 2006 年的世界杯足球赛中，解说员在意大利球员托蒂罚进点球时，兴奋地喊道："点球进了，澳大利亚队可以回家了，意大利没有再输给澳大利亚队。伟大的意大利的左后卫！马尔蒂尼今天生日快乐！意大利万岁！伟大的意大利……"

这段话明显有失一个解说员的身份，至今看来都令人尴尬。作为大众传媒的解说员，应该理性、客观地进行解说，而不应该带着强烈的个人感情色彩来评判球员和球队。这也是角色失位。

还有一种情况，就是在汇报演说中，演说者也很容易犯角色错误。

不可否认，我们每个人都希望与有影响力的人在一起，但是，有时候即使获得了与有影响力的人在一起的机会，我们的确没有什么影响力，更别说得到有影响力者的认可了。这是因为，在这样的场合，我们很容易犯两种错误：

第一，急于表现自己。在与有影响力的人在一起的时候，我们为了证明自己也不差，很容易急于把自己的优点表达出来。如果这种表达很直接，就很容易引起他人的反感。别人会觉得你太自负，甚至怀疑你是王婆卖瓜——自卖自夸。

第二，总想凸显自己的优势。以自我为中心，在人群中总想展示自己非同一般的地方，希望能鹤立鸡群，受人敬仰。殊不知这种自以为是的心态是最不好的。孔子说"不患寡而患不均"，李自成打着"均田免税"的口号，很快就推翻了明王朝。由此可见，均衡才是智慧。与人相处也需要掌握均衡的智慧，总想凸显自己与别人的不同，势必会引起他人的反感。

同时，在这类汇报演说中，我们也要认清自己的角色和身份，既不要妄自菲薄，也不要心烦技痒、喧宾夺主。

5. 了解对方的特点

我们想要真正打动一个人，就要了解对方的特点，要知道他的软肋是什么，他对什么感兴趣。掌握了对方的特点，就可以围绕对方关注的方面来沟通，也可以避免踩雷——聊到他排斥的方面。

但是，团队、企业内部的沟通，则应该以公司为核心，而不应该谈生活、感受、情感方面的话题，因为这些话题对于工作没有任何帮助。这时候可以问那些灵性的问题，比如，你为什么来凯来工作？来凯来工作对你的价值是什么？你每天这么努力地工作，究竟是为了什么？

结语：演说口才帮助你影响更多的人

本书的讨论暂时告一段落。不管你是否掌握了演讲的各种思维技巧，我希望，你至少要相信或知道，演说口才不仅可以使你在舞台上闪耀，更重要的是，它能帮助你将能量和智慧传递给他人，去影响更多的人，同时帮助你实现更大的价值。

一个人，尤其是一个有影响力的人，你能影响多少人，也就说明了你有多大的价值。

影响力不是一种强迫他人服从的能力，而是用一种以别人所乐于接受的方式，改变其思想和行为的能力。作为领导者，影响力的高低是体现个人价值的重要指标。

不同人的人生价值曲线是不同的，有些人的价值曲线向上，有些人的曲线向下。随着年龄的增长，人生阅历会不断增加，可精力会慢慢下降，这个时候，你会发现，有些人的人生价值曲线越来越往下走，有的人则仍会稳步向上。这些人往往能够得到更多的资源，更多的展现魅力的机会，具有更强的团队协作和协调能力。

但是更多人的价值曲线是慢慢往下的，年龄不断增加的直接后果是精力的减少，接踵而来的便是机会的减少、资源的减少以及个人魅力的降低。这样一来，两种人，两种命运，两种人生价值曲线。

对比一下，不难发现，曲线的差别会越来越大。认真思考一下，便不难发现这两种人的区别：第一种人是靠协作做事，第二种人是靠个人做事。刚刚开始的时候，一个人也许可以把工作做得很好，但是成了领导者、有了团队之后，便不能只顾埋头苦干，需要学会团队配合、团队协作，增强沟通能力是最有效的手段。

我看到过太多的人在人生命运中苦苦挣扎，其实就是因为缺少影响力。

如果你只能影响你自己，你的价值就在于你自己。

如果你的价值能影响团队，你团队会因为你而干劲十足。

如果你的价值能影响你的行业，你会是行业的佼佼者。

如果你的价值能影响一个地区，你会带动地区的快速发展。

如果你的价值能影响国家，你是国家的光荣，国家的榜样。

如果你的价值能影响世界，你必会受亿万人拥戴。

你能影响多少人，你就有多少价值。

个人演说的影响力，决定了个人的社会影响力。这就是我们学习口才，学习语言表达的驱动力。

我们必须知道，语言才是人与人之间沟通最重要的桥梁，一般情况下，人与人进行交流的时候，有几个是靠手比画的呢？不光是个人的交流，就是在整个人类文明成果的传递中，语言也是最重要的手段之一。

人类每前进一步，都需要语言开路。

古往今来，大多数被我们熟知的人都是演说的高手，演说是把握人心、洞察人性的过程。在这个竞争激烈的时代，每个人都有机会展示自我，学会运用语言，为你的未来打开另一片天空，去影响更多的人，是每个人都应该重视的技能。

真诚地对待你身边的人，让自己有所改变，让他人也得到成长，你便会遇见更好的自己。

后

记

我为演讲而生

》

想学演讲的朋友们，你们好！我是丹青，凯来口才创始人，一名从事演讲教育 12 年的工作者。

丹青 = 演讲

很多人一听我的名字，就会说："噢，丹青，我知道，你是做演讲的。"好像丹青这个名字天生就和演讲连在一块儿。就如同我们听到蔡志忠就想到漫画，听到曾仕强就想到《易经》，听到杨澜就想到主持人……如果有一天，可以把你的名字和你所做的事业连在一起，那就是你专属的个人品牌 IP。

我有一个梦想

我在上课的时候，曾经和学员们说过："我为演讲而生，我为舞台而生。"

曾经有一个学员问我："你最期待自己成为什么样子？"我说："我有一个梦想，我梦想当我 90 岁的时候，依然可以穿着高跟鞋和战袍，优雅地站在舞台上演讲。美哉，美哉！"

我陪伴着凯来一起长大，一步一步持续学习、持续成长、持续追求梦想，一路走到今天，改变了自己的命运。

凯来是我们公司的品牌，旗下有凯来口才、凯来领袖、凯来智慧等。除了作为凯来口才资深培训师外，我还有其他一些头衔，如魅力演讲导师，国际礼仪培训师，北大、广发、万达、同仁堂特邀授课讲师，互联网汉语教育管理师，语言教育管理师，中国教育行业十大创新人物等。

我的这些因为改变而收获的结果，都发生在过去的 12 年间。

12 年前，我大学毕业，与大部分想要实现自身价值的年轻人一样，怀揣着梦想来到北京。那时候我就想，总有一天，我会通过自己的努力，在这座繁华的城市拥有一席之地。

然而，现实却给了我一记沉重的打击。凯来创业的前几年，要花钱的地方很多，像个无底洞。收入呢？没有名校背景，没有大厂光环，没有资方青睐，没有人可以依靠，3 年里持续亏损，公司在生死边缘苦苦挣扎。我深深地感到，在偌大的北京，自己是如此的渺小。绝望与挣扎之际，我也在寻找破局的方法。

在我状态低迷的时候，赵鹤之老师对我讲了一句话，一直影响我到现在："不要用过去的渺小去恐惧明天的舞台。我们是要爬上高山的人，怎么能为脚下的小石头哭泣呢？"

从那以后，我告诉自己：别人可以做到的，我也可以。就这样，我拼命地学习，拼命地成长，拼命地向上，没有周末，没有假期，十几年如一日地坚持着。

我带着团队坚持十几年专注一个行业、一个领域，而我本人也讲授过 3000 多场演讲课程，帮助了近 10 万领导者改变和提升他们的演讲能力。

我人生的第一次演讲：国家助学金

我永远忘不了人生中的第一次演讲，那是一次刻骨铭心的记忆。

高考完后，我一边紧张地等待录取通知书的到来，一边沉浸在回归自由的喜悦中。有一天，我刚回到家，爸爸就给了我一张化验单，说妈妈身体不太舒服，需要去治疗。我不曾想到，从那一刻起，我的人生开始走向了另一个轨迹。

到达医院的时候，我在医生办公室门口听到：癌症 3 期，还有 3 个月，没有必要做手术了，做好心理准备吧。我从来没有想过，电视剧里发生的场景竟然发生在了我的身上。

最后，妈妈还是做了手术，但是癌细胞已经扩散，需要化疗……

为了给妈妈治病，爸爸花光了家里所有的积蓄，而那个时候的我，只能眼睁睁看着这一切发生，却没有任何能力去改变它。

转眼开学了，我走进了大学校园。第一次开班会，辅导员说："今晚我们进行国家助学金的评选，如果有同学觉得自己家境困难需要补助，可以到讲台上说明情况，到时候全班进行投票。"

我的家庭虽然不怎么富裕，但是在妈妈生病以前，我从来不觉得我是一个需要帮助的人。

从来没有站上舞台的我，不知道为什么，那一刻忽然有勇气举手站了上去。我至今还记得，当时我流着泪讲完了自己的故事。最后，全票通过，我是我们班唯一一个获得助学金的人。直到现在，我依然很感恩给我投票的每一位同学。

时隔多年，回想起自己的第一次演讲，我的感悟是：真诚，是世界上无坚不摧的力量。唯有真诚，才能持续一切。

时至今日，无论是上课还是受邀分享经验，我都会首先问自己：

今天所讲的内容，真的能感动你自己吗？

今天所讲的话，真的是你发自内心的声音吗？

今天所讲的每一件事，真的是你的真情流露吗？

感动自己的内容，才能感动别人，如果连你自己都不能被感动，一定感动不了别人。

从科学的角度来讲，这就是磁场感应，是量子力学带来的效应。因为人与人之间是有磁场的，这种磁场会在人与人之间产生共振和共鸣，就像万有引力定律一样。而语言是有频率的，你的语言的频率决定着听者的感受和频率。如果你的磁场足够强,你就会吸引所有人到达你的频率。

一次演讲,改变我一生的命运

大学期间,我一直在医院和学校之间穿梭,亲眼目睹了人与病魔的斗争中,人是多么的渺小。妈妈由于不断地做化疗,每天都要饱受各种副作用的摧残,恶心,呕吐,不能吃饭,不能睡觉,身体一天天消瘦,看得我心疼极了,但无能为力。

大学毕业那年,妈妈永远地离开了。从3个月变成3年,像是偷来了2年9个月的生命。虽然我曾无数次想象过妈妈离开的场景,我也以为自己早就做好了准备,可是当妈妈真的离开时,我仍然无法接受现实,我感到了撕心裂肺的痛。当时的心情就像那首歌——《当悲伤逆流成河》,每天浑浑噩噩,懊悔、内疚、痛苦、煎熬,各种情绪缠绕着我。就这样过了半年,我的心情压抑到了极点。

半年后的某一天,我突然意识到自己不能再这样下去了。刚好有一个朋友打来电话说:"丹青,我要去北京了。"

我说:"你几号走?我和你一起。"

脱口而出的这个决定,我没有给自己任何反悔的机会。我没有丝毫犹豫地去车站买了一张坐票,和朋友一起坐了一夜绿皮火车,来到北京。

到了北京站以后,我们就分开了。她去了昌平,那里是很多外地人来到北京的第一站,因为那里的生活成本相对较低。而我呢?偌大的北京,我不知道自己该去哪里,我不知道自己该做什么,更不知道我会在北京待多久。我以为自己只是来散散心,待一段时间就会回家,没想到从此一直留在了北京。

好像是一种莫名的吸引,我来到了凯来。

那时候，虽然我已离开家乡，但是内心依然沉浸在失去妈妈的悲痛之中。我本来就是内向的性格，每次上台讲话都会脸红，很自卑。第一次来到凯来，听赵鹤之老师讲课，我从头听到尾，眼泪一直没有停过。当时，旁边的一个同学说："今天的课程好像不是很悲伤，你怎么哭了？"

现在想想，我也说不清楚自己为什么有那么强烈的反应。可能是赵鹤之老师的课程把我的某个开关打开了，使我的眼泪怎么也控制不住，一哭就是8个小时。但是哭完后，我突然感受到无比的释放，压抑了半年多的悲伤和绝望的情绪一下子清空了。

当时，赵鹤之老师对我说了一句话，到现在还一直影响着我：不要用过去的渺小去恐惧明天的舞台。

从那一刻开始，我作了一个决定，留在凯来。

语言是有力量的，语言是有能量的

直到现在，我都不敢想象，如果没有选择来到北京，如果没有选择来到凯来，也许我此刻正在老家的某个小县城里，每天朝九晚五，做着一份一眼就可以望到头的工作。

如果没有来北京，我不会感受到，原来每个人都有实现梦想的权利，原来选择和相信是每个人一生的财富。你选择什么，相信什么，你的生命就会创造什么样的奇迹。

我选择来北京，我相信凯来，相信赵鹤之老师可以改变我的命运，所以我和凯来一起走过了十几年。

记得曾经有一次，在"华夏弟子班"曲阜游学的旅途中，赵鹤之老师讲到支点，问我们人生的支点是什么？当时一位同事饱含热泪的回答感动了现场所有人，"我人生的支点是凯来"。

很多学员都很好奇，凯来的文化是如何打造出来的，如此有战斗力，如此无坚不摧？我想，正是因为每一个凯来人心中有这样的信仰——相信凯来，相信赵鹤之，才能让我们一起并肩作战，走过这么多年。

我的演讲之路——12 年专注做好一件事

凯来是我毕业后的第一份工作，也是我认定的今生唯一的事业。

有幸的是，我在刚毕业就找到人生的挚爱，而很多人也许终其一生都在寻找自己到底想要的是什么。更幸运的是，凯来熬过了创业初期的艰辛，经受住了新冠疫情对教育行业的打击，依然生机勃勃。

有人说，新冠疫情就是一个加速器，加速一些企业的死亡，也加速一些企业的发展。很幸运，凯来属于后者。我们也不是没有经受考验，只不过我们经受住了考验，我们胜利了。我们胜在团队很有向心力，我们凯来有着自己的企业文化，所以无坚不摧。

因为演讲，有一群并肩作战的战友

凯来刚创业的前几年，非常艰难，没有办法吸引优秀的人才。试想，企业本身就已经举步维艰，谁又会愿意一起来赌呢？当时我们招人非常困难。

凯来 003 号成员，是和我一起来北京的那位朋友，我很感谢她，如果没有她，我可能不会来北京，她是我的引路人。

她为什么来凯来？因为一次演讲。

当时我举办了一个公益活动，组织一些朋友过来看电影，看完电影，我做了一场演讲，让大家一起来募捐。在那场活动中，我们把现场募捐到的现金用来买了一些学习用品，然后连同募捐来的衣服，送给了太阳村。

因为当时我的能力还很薄弱，所以这个举动令我的朋友很诧异。

我就对她说："你来凯来吧，我们一起，我需要你！"

她说她需要考虑考虑。

好吧，一次演讲不够，那就再来一次，直到你同意为止。我坚信，只要你来听我演讲，我就一定会征服你。

从那之后，每次办活动做演讲，我都邀请她过来参加。直到半年后，她真的来到凯来，一直到现在。

有一次她过生日，我说："这么多年来，你一直都在，待你满城尽带黄金甲，我依然还在。"

我们之间的情谊就是这样，彼此守候了15年。

凯来007号成员，曾是我们的学员，是某地某年的高考状元，但是口才不好，曾经在台上5分钟说不出来一句话。我们都很怀疑，这样的人能教好吗？但是每次上完课，他都会留下来，把教室的椅子收拾放好再走，不是一次，是每一次。当时赵鹤之老师就说："看吧，未来他会很厉害。"

我找到他说："你来凯来吧！"

他是唯一一个和我一样，没有经过任何思考就回答"好"的人。就这样，他加入了凯来，一直到现在，8年了。

赵鹤之老师的眼神真的很独到。果真，现在007号已经是凯来的顶梁柱，金牌讲师，分校校长。

识人于微时，耐心地培养，假以时日，委以重任。凯来的团队之所以经历了种种困难还能屹立不倒，就是因为有一群并肩作战的战友。

凯来009号成员，是一个进京求学的学员。当时，在练习声光画模式的第一堂课上，我狠狠地骂了这个人，因为他的声音一直突破不了。我看到他的人生模式也是这样，便叫了他的名字，问他："你希望自己这辈子就这样了吗？"

他说："我不想。"

于是我带着他练习了整整 1 个小时，最后他终于突破了。

后来，他加入了凯来，从外地来到北京，到现在也共同走过了 7 年，我们就像家人一样。2018 年，我们团队一起"西行"。当时从兰州出发，经过张掖、武威、酒泉、嘉峪关、敦煌、天山、吐鲁番，在快要到达酒泉的路上，一行人临时决定去他的家里看看。于是当即下了高速，在加油站旁边的小超市，买了鸡蛋、牛奶、点心和其他物品，把后备箱塞得满满当当。

你知道吗？当我们看到他的父母的那一刻，突然觉得，在凯来工作的每一天，我们相处的时间超过 12 小时，团队中的很多人，早就已经成了血浓于水的亲人。

那是我第一次感受到四目相对，泪流纵横，好像已经不需要语言就能明白对方想说的一切。

很多领导者来凯来学习，都会问到，如何才能打造像凯来一样的团队，如何打造企业文化？其实人心都是通的，你如何对待团队成员，他们就会如何对待团队。

凯来团队中的很多人，都是在演讲的路上遇见的一个又一个彼此照耀灵魂的生命，我们选择一路前行。

一个企业想要发展，必须要有团队，必须要有有向心力的团队。团队不在乎是否每个人的能力都很强，"三个臭皮匠，顶个诸葛亮"，前提是这些臭皮匠的心想在一处。

凯来有一个"六论文化"，其中一论叫"高铁论"。何谓高铁论？就是同一个方向，团队第一，团队作战。每个人都有无限的潜力，发挥自己的动力和能量，带动整个团队。哪怕个人的能力再弱小，心在一起也是强者；哪怕能力再强，每个人都各有方向，终究也是难达终点。

星星之火，可以燎原。团队是需要向心力的，朝向一个方向，所有人并肩作战，才能达成目标。

在演讲的路上，总会遇见你想找的人，因为你在发光，总有人会被你照耀。

因为演讲，战胜了一次又一次的挑战

2020 年的新冠疫情，对于教育行业无疑是一次重创。从 2 月份开始，我们便停止了一切线下课程。什么时候可以复课呢？企业未来之路何去何从？战略方向如何制定？好像谁都无法给出答案。

经历 3 个月的低谷，2020 年 4 月 3 日，我记得非常清楚，那一天，我正开车行走在北京的三环路上，突然下定了一个决心，便立马回到公司和大家分享。"我要成为流量来源"，我要为团队铺一条路，让大家快速前行。

自此，团队开始慢慢好转。

当时，我带领凯来的核心团队开了一次会议，会议的主题是"疫情过去，重回过去"新冠疫情过去以后，我们还是选择回到过去的授课模式和经营模式吗？还能回得去吗？

大家的生活模式已经发生了改变，学习模式也在改变，还能回得去吗？我们一次又一次地问自己。

这时候，赵鹤之老师的演讲《危机就是转机》让大家看到了方向。

可是，在不断探索方向的变革之路上，从来没有一帆风顺，我们看到的前方，依然迷雾重重。

2020 年 9 月，团队作了一个重大决定，彼时我们不曾料想，正是这个决定，将改写凯来口才的未来！

我们决定"重走长征路"。这是一次即使到 80 岁仍将记忆犹新的旅程。从瑞金出发，到达延安，历时 45 天，途径 11 省区 25 站

25000里。在最艰难的时刻，我们团队一起，在这段"长征"路上，想清楚了凯来未来的方向。

在抵达延安的分享会上，我以"心中饱含梦想，一直勇往直前"为主题，进行了分享；赵鹤之老师以"今天的极限是明天的底线"为主题，进行了分享。

"长征"回来以后，团队信心大涨，开启了团队"创纪录"，在实现自我超越的同时，也创造了一个又一个奇迹。

凯来经历的所有挑战，都被一场又一场的演讲唤醒。语言的力量是你无法想象的，赵鹤之老师最近在直播中分享的话题"黑暗中，谁让人看到光，谁就是领导者"，就鼓舞了凯来的一众学员。学员又不断地将这句话分享传播给更多人，因此而增加了团队的士气，每天喜报连连。

因为演讲，看清了未来的方向！

因为演讲，唤醒了更多的生命！

因为演讲，战胜了严峻的挑战！

有人问我：你未来5年想做什么？

我说，演讲！

你未来10年呢？15年呢？

演讲！

是的，我为此而生！我为演讲而生！此生，一直做演讲！因为演讲，我看到一个又一个精彩生命的绽放。

我为什么要写这本书？

今年3月，我出差去西安看游学的场地，在花涧堂住了两晚。房间里放着一本季琦所著的《创始人手记》。在此之前，我早就听说过华住集团连续创办携程、如家、汉庭、全季等知名品牌的故事。这些品牌先后在美国纳斯达克、港交所上市，而季琦也成为第一个连续创立3家百亿级公司的企业家。静下心来读季琦的书，读他的管理心得，读他对艺术、对生活、对人生的认知，慢慢走近他，才发现他有一颗有趣的灵魂。

就在那个晚上，我发现，一个企业家、一个创始人，如何才能让别人走近你，如何才能打造自己的个人IP？唯有通过你的语言、你的表达、你的视频、你的文字，才能让人更真切地感受到完整的你。

文字是最细水长流的，就像赵鹤之老师很喜欢收藏古书，因为它们都是智慧的精华，源远流长。我们凯来的团队一起重走长征路回来，赵鹤之老师花了一年的时间写下了《长征十二章》，我每次看着看着，眼泪就会流下来，眼前不禁浮现出长征路上的一幕幕景象。不仅是我，很多学员也有这样的感受。所以，企业家有必要写一本书，告诉人们：你要会演讲，这是你向世界述说的方式。

这本书筹划了3年的时间，一直觉得还没有准备好，还没有很完美，总想等到更完美的时候再写下来。有时候，人生就是为了最好，而不断地变更好。

所以，从西安回来以后，我立即决定尽快完成这本书。我要把这么多年的经历，把我对口才的认知和理解分享出来，希望能照亮更多的人。

凯来口才　丹青

2022 年 5 月 3 日

附 录

一家人一条心，一个梦一起走

作曲：李海东
作词：赵鹤之
演唱：丹青

前世相遇泛起层层涟漪

驻足平凡不甘命中注定

心中力量升起充满敬意

心门开合言中创造奇迹

文化铸魂心中生根

境随心转天地常新

以仁爱人明心净心

希言若水凯来之门

一家人一条心

笃行万里践行我相信

一个梦一起走

千斤重担使命要认清

一家人一条心

明心悟道立志永传承

一个梦一起走

胜局启航心中利道同

登泰山谋胜局

拜曲阜心入境

走平遥观聚焦

汇寰宇明道同

文化铸魂心中生根

境随心转天地常新

以仁爱人明心净心

希言若水凯来之门

一家人一条心

笃行万里践行我相信

一个梦一起走

千斤重担使命要认清

一家人一条心

明心悟道立志永传承

一个梦一起走

胜局启航心中利道同